ANÁLISE DO CAPITAL DE GIRO
TEORIA E PRÁTICA

Dados Internacionais de Catalogação na Publicação (CIP)
(Câmara Brasileira do Livro, SP, Brasil)

Berti, Anélio.
    Análise do capital de giro: teoria e prática / Anélio berti.
– São Paulo: Ícone, 1999.

ISBN 85-274-0591-1

1. Administração financeira 2. Capital de giro I. Título.

99-4489   CDD-658.15244

Índices para catálogo sistemático:

1. Capital de giro: Administração financeira   658.15244

ANÉLIO BERTI

*Professor Universitário das disciplinas de economia, administração e contabilidade nas áreas de finanças, planejamento e contabilidade, há mais de nove anos.
Bacharel em Ciências Econômicas, contador, especialista em Análise e Elaboração de Projetos Econômicos, especialista em auditoria contábil, mestrando em contabilidade avançada.
Consultor empresarial, técnico do sistema Sebrae, instrutor de treinamento empresarial.*

ANÁLISE DO CAPITAL DE GIRO
TEORIA E PRÁTICA

Ícone editora

© Copyright 1999.
Ícone Editora Ltda

Diagramação
Rosicler Freitas Teodoro

Revisão
Antônio Carlos Tosta

Proibida a reprodução total ou parcial desta obra,
de qualquer forma ou meio eletrônico, mecânico,
inclusive através de processos xerográficos, impressão em CD,
sem permissão expressa do editor
(Lei nº 5.988, 14/12/1973).

Todos os direitos reservados pela
ÍCONE EDITORA LTDA.
Rua das Palmeiras, 213 — Sta. Cecília
CEP 01226-010 — São Paulo — SP
Tels./Fax.: (011)3666-3095

À minha amante, companheira, amiga e esposa *Adriana*, pela oportunidade de fazer parte de minha vida.

ÍNDICE

Introdução 11

1.0 Capital de giro 15
1.1 Conceito 15
    – Capital de giro – esquema com vendas à vista 17
    – Capital de giro – esquema com vendas a prazo 17

2.0 Capital de giro na empresa comercial 21
2.1 Análise das necessidades de Capital de Giro 26
    2.1.1 Reclassificação do balanço patrimonial 26
           Necessidades líquidas de capital de giro 27
    2.1.2 Fontes de capital de giro 27
    2.1.3 Cálculo do capital de giro 28
           2.1.3.1 – Fatores que atuam sobre o capital de giro 29
    2.1.4 Capital de giro próprio, nulo e de terceiros 33
    2.1.5 Capital de giro e liquidez 35
           – Liquidez imediata 35
           – Liquidez seca 35
           – Liquidez corrente 35
           – Liquidez geral 36
    2.1.6 Fluxo de caixa 38
           – Conceito 38
           2.1.6.1 – Principais transações que afetam o caixa 39
           2.1.6.2 – Modelo de fluxo de caixa 40
           2.1.6.3 – Fluxo de caixa operacional 42
    2.1.7 Valores a receber (contas) 43
           – Conceito 43
           – Política de crédito 43
           – Conceito 43
           2.1.7.1 – Giro dos valores a receber 44

2.1.8	Política de estoques	45
	– Estoque de matéria-prima, material secundário, embalagens etc.	46
	– Estoque de Produtos Acabados	47
	– Mercado consumidor	47
2.1.8.1–	Análise da política de estoques	48
	– Resumo	50
3.0	Capital de Giro na Empresa Industrial	53
3.1	Custos	53
3.1.1	Conceito	53
3.1.2	Classificação dos custos	54
3.1.3	Sistemas de custeamento	58
3.1.3.1	Custeamento por ordem de produção	59
3.1.3.2	Custeamento por processo	59
	– Custo por absorção	60
	– Centro de custos	61
	– Custeamento por ordem	62
3.1.3.3	Custeamento direto	64
3.1.3.4	Custeamento baseado em atividades (ABC)	67
	– Identificação das atividades relevantes	67
	– Resumo	69
3.2	Necessidades de capital de giro	69
3.2.1	Resumo de receitas e custos	70
	– Base de cálculo do resumo de receitas de custos	71
3.3	Necessidades adicionais do capital de giro	76
3.3.1	Quadro de necessidades de capital de giro	77
3.3.2	Base de cálculo das necessidades	77
4.0	Capital de giro na empresa indústrial e comércio	83
4.1	Estudo de um caso típico	85
4.1.1	Balanço geral	86
4.1.2	Resumo de custo e receita	87
4.1.3	Características diversas	88
4.1.4	Reclassificação do balanço	89
4.1.5	Quadro de necessidades de capital de giro	89
	– Base de cálculo	90
4.2	Capital de giro na indústria de prod. sob encomenda	92
4.2.1 –	Quadro das necessidades de capital de giro indústria de produtos sob encomendas	93

4.2.2 – Base de cálculo das necessidades de capital de giro 94
5.0 Capital de giro na empresa de prestação de serviços 95
5.1 – Tipo de atividade desenvolvida 95
5.2 – Localização da empresa 96
5.3 – Recursos técnicos existentes 97
6.0 O Mercado 105
6.1 – Introdução 105
    – Conceito 105
6.2 – Posição do Setor 106
6.3 – Mercado Consumidor 107
6.4 – Mercado Fornecedor 113
6.5 – Mercado Concorrente 115
6.6 – Conclusão 115
7.0 Análise do capital de giro projetado 121
7.1 – Análise vertical 121
7.2 – Análise horizontal 121
7.3 Capital de giro x Rentabilidade 122
    7.3.1 – Resumo de custo e receita 123
    7.3.2 – Quadro de necessidades capital de giro 100% 124
    7.3.3 – Quadro de necessidades capital de giro 90% 126
    7.3.4 – Quadro de necessidades capital de giro 80% 128
    7.3.5 – Quadro de necessidades capital de giro 70% 130
    7.3.6 – Quadro de necessidades capital de giro 60% 132
7.4 – Análise do capital de giro 134
    7.4.1 – Resumo do capital de giro nos níveis 134
    7.4.2 – Análise vertical do capital de giro 134
    7.4.3 – Análise horizontal do capital de giro 135
    7.4.4 Quociente de retorno sobre as necessidades
        de capital de giro 135
7.5 Decisões para reduzir a necessidade de capital de giro 136
7.6 Alavancagem operacional x alavancagem do capital giro . 137
    7.6.1 Análise da alavancagem operacional 138
    7.6.2 Grau de alavancagem operacional 138
    7.6.3 Alavancagem das necessidades de capital de giro ... 139
    7.6.4 Grande alavancagem do capital de giro 139
8.0 Planejamento 143
8.1 – Conceito 143
8.2 – Tipos de planejamento 143

8.2.1 – Planejamento estratégico 144
8.2.2 – Planejamento tático 144
8.2.3 – Planejamento operacional 144
8.3 – Institucionalização do processo de planejamento 145
8.3.1 – Orçamentos – planejamento operacional 147
9.0 Fontes e mecanismos de financiamento de capital de giro .. 151
9.1 – Sistema BNDES 152
9.1.1 – Definição e porte das empresas apoiáveis 152
9.1.2 – Condições gerais 153
9.1.3 – Requisitos para financiamento de capital de giro . 154
9.2 – Factoring 155
9.2.1 – Conceito e características 155
9.3 – CEF-Giro – Caixa Econômica Federal 156
9.4 – Micro/giro – Caixa Econômica / Sebrae 157
9.5 – Proger – Banco do Brasil S.A 157
9.5.1 – Condições dos financiamentos 158
9.6 – Capital de giro parcelado – Banco Sudameris 158
9.7 – Capital de giro – Sufixo – Banco Sudameris 159
9.8 – Fundos Constitucionais 160
9.8.1 – Carta consulta 161
9.8.2 – Projeto de viabilidade econômico/financeira 164
– Modelo de projeto de viabilidade econômico/financeira .. 166
10.0 – Uma Visão Global 197
10.1 – Diagnóstico empresarial 197
10.2 – Implantação de custos 198
10.3 – Implantação de sistemas de controle 198
10.4 – Elaboração de um planejamento global 199

Índice remissivo 201
Bibliografia 205

INTRODUÇÃO

A administração empresarial é uma tarefa difícil, dado o volume de informações que envolvem a tomada de decisão. Para que esta seja sempre no sentido de conseguir os resultados esperados, o administrador precisa ter informações que sirvam como subsídios no contexto administrativo.

Com o advento da globalização da economia e conseqüente aumento da competição, os obstáculos a serem superados pelo administrador requerem conhecimentos mais abrangentes, pujantes, sobre os recursos que a empresa precisa para atingir os objetivos.

É nesse contexto que o capital de giro é cada vez mais importante na administração, principalmente se considerarmos o fato de este ser um dos problemas mais relevantes e que ocorrem com bastante freqüência na maioria das empresas brasileiras.

Visando detectar o problema, *a priori*, e possibilitar ao administrador tomar medidas para evitar o efeito causado por esse problema, a Análise do Capital de Giro – Teoria e Prática trata do cálculo das necessidades do capital de giro na empresa comercial, de forma diferente da empresa industrial, fundado num embasamento teórico sobre o assunto.

Na empresa comercial, nós utilizamos as informações que a contabilidade oferece. Iniciando com a reclassificação do balanço patrimonial, que anteriormente foi classificado de acordo com as normas contempladas pela lei nº 6.404/76 das S.A. Visando facilitar o cálculo e a compreensão, enfocamos também a liquidez e o fluxo de caixa.

Na empresa industrial utilizamos as informações de custos onde for necessário trabalhar com a projeção de receita e custos (quadro resumo) e com essas informações, elaborar o quadro de necessidades de capital de giro para a empresa industrial.

Para melhorar a compreensão do estudo sobre capital de giro, enfocamos a empresa do ramo de atividade de comércio, onde utilizamos as informações da contabilidade; na empresa em que o ramo de atividade é indústria, utilizamos as informações de custos.

Abordamos as principais características que apresenta uma indústria em que o sistema de trabalho é através de encomendas de produtos personalizados e de que forma modifica o cálculo das necessidades de capital de giro.

Enfocamos também as necessidades de capital de giro da empresa de prestação de serviços.

Demonstramos as necessidades de capital de giro através de análise vertical e horizontal, onde trabalhamos com a utilização da capacidade produtiva da empresa, nos níveis de ocupação de 100%, 90%, 80%, 70% e 60%. Essa análise visa demonstrar o comportamento das contas que fazem parte do capital de giro nos diversos níveis de atividades.

Destacamos também o planejamento empresarial, sua conceituação, suas características e também as fases do planejamento.

Para concluir o trabalho demonstramos em um só capítulo um panorama geral do livro.

O livro está dividido em 10 (dez) capítulos, seguindo uma ordem lógica e ordenada. Na obra demonstramos em forma de manual, a maneira de se calcular o capital de giro, de forma bastante acessível ao leitor.

Capital de giro – Conceitos

A incerteza é o complemento do conhecimento.

Arrow

1. Capital de Giro

1.1 CONCEITO

Capital de Giro é o montante (parcela) de recursos destinados à aplicação dos meios, para fazer com que a empresa complete o ciclo operacional, ou seja, a aquisição da matéria-prima, do material secundário, sua transformação em produtos acabados e a distribuição deles no mercado consumidor, reiniciando-se o ciclo.

Segundo o professor Paulo Sandroni, capital de giro é *parte dos bens de uma empresa representados pelos estoques de produtos e pelo dinheiro disponível (imediatamente e a curto prazo), também chamado de capital circulante.*[1]

Segundo os professores Armando De Santi Filho & José Leônidas Olinquevitch, *denominamos CDG-Capital de Giro, a parcela dos recursos próprios da empresa que se encontra disponível para aplicações. Contabilmente, o valor do CDG-Capital de Giro é obtido pela seguinte fórmula:*

Capital de Giro = Patrimônio Líquido menos Ativo Permanente.

Como pode ser observado, a variável CDG-Capital de Giro refere-se àquela parcela dos recursos próprios que não está aplicada no ativo permanente, estando, portanto, disponível para outras aplicações.[2]

Segundo os professores Eliseu Martins & Alexandre Assaf Neto, *o capital de giro identifica os recursos que geram (ou circulam) várias vezes em determinado período, ou seja, corresponde a uma parcela do capital aplicado pela empresa em seu ciclo operacional.*

Capital de giro corresponde ao ativo circulante de uma empresa; representa o valor total dos recursos demandados pela empresa, para

---

[1] *Paulo Sandroni (1.989), Pg. 36.*
[2] *Armando de Santi Filho & José Leônidas Olinquevitch (1.989), Pg.74.*

financiar seu ciclo operacional, o qual engloba desde a aquisição de matéria-prima até a venda e o recebimento dos produtos elaborados.[3]

Em contabilidade, capital de giro é a diferença entre o ativo circulante e o passivo circulante.

Ativo circulante é o conjunto de bens e direitos da empresa conversíveis, diponíveis a curto prazo, representados pelos valores monetários, aplicações a curto prazo, direitos a receber a curto prazo e os estoques da empresa.

Passivo circulante são as obrigações que a empresa tem com terceiros com vencimento a curto prazo.

Realizável a longo prazo – neste grupo estão os direitos da empresa cujo prazo de vencimento é longo, ou seja, o seu vencimento é após o término do exercício seguinte.

Exigível a longo prazo – neste grupo estão as obrigações da empresa cujo vencimento é a longo prazo.

Patrimônio Líquido é o montante de recursos que são de propriedade da empresa, são recursos que têm como origem o valor integralizado na empresa pelos sócios mais os resultados obtidos por esta no decorrer de sua existência.

Ativo Permanente é o montante de recursos aplicados na estrutura física da empresa, ou seja, aplicados em máquinas, equipamentos, instalações, construção civil, veículos, equipamentos de comunicação etc.; divide-se em três grupos: imobilizado, investimentos e diferido.

Curto prazo – segundo a lei 6.404/76, considera-se curto prazo quando o último vencimento não ultrapassa o término do exercício seguinte.

Longo prazo – segundo a lei 6.404/76 considera-se longo prazo quando o vencimento da última parcela ultrapassa o término do exercício seguinte.

---

[3] *Eliseu Martins & Alexandre Assaf Neto (1.986), Pg. 276, 277.*

Capital de giro – Esquema com vendas à vista

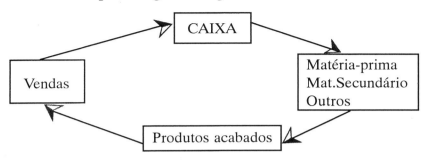

Capital de giro – esquema com vendas a prazo

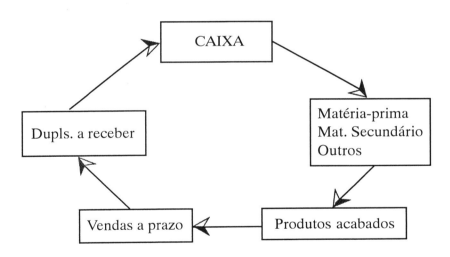

Resumo

Conceito – Capital de giro é o montante de recursos destinados à aplicação dos meios, para que a empresa possa completar o ciclo operacional.

Os valores aplicados para o giro operacional estão localizados no ativo, e as obrigações estão no passivo.

Capital de giro na empresa comercial

Quem define um problema já resolveu pela metade.

Julian Huxley

2. Capital de Giro na empresa comercial

Nas empresas em que o ramo de atividade é de comércio ou de prestação de serviços, o enfoque para se verificar as necessidades de capital de giro torna-se mais fácil, desde que usemos as informações extraídas da contabilidade da empresa.

O balanço patrimonial, de acordo com a lei 6.404/76, apresenta as contas seguindo a seguinte ordem: as contas do ativo estão em ordem decrescente de liquidez, ou seja, da conta caixa à conta do diferido. As contas do passivo estão em ordem decrescente de exigibilidade, da conta fornecedores às contas do patrimônio líquido.

A classificação dos bens sob o aspecto quantitativo é feita nos termos da lei nº 6.404/76 que a subdivide da seguinte forma:

ATIVO	PASSIVO
CIRCULANTE	CIRCULANTE
– Disponibilidades (caixa, banco c/mov.)	– Fornecedores
– Direitos a receber (ex.Duplicatas)	– Obrigações trabalhistas (salários etc.)
– Estoques (matéria-prima, material secundário, prod. acabados etc.)	– Obrigações fiscais (icms, pis, cofins, outras obrig. etc.)
– Despesas antecipadas do exerc. fin.	– Outras obrig. a curto prazo.
REALIZÁVEL A LONGO PRAZO	EXIGÍVEL A LONGO PRAZO
– Direitos a receber a longo prazo ou sem data prevista de vencimento.	– Obrigações a pagar a longo prazo ou sem data prevista de vencimento.

ATIVO	PASSIVO
CIRCULANTE	CIRCULANTE
PERMANENTE	RESULTADO DE EXERC. FUTURO
– INVESTIMENTOS	– Receitas antecipadas de exercícios futuros
	PATRIMÔNIO LÍQUIDO
– Bens destinados à renda Ex. imóvel de aluguel, ações empresas coligadas etc.	– Capital social da empresa – Reservas de capital
– IMOBILIZADO	– Reservas de reavaliação
– Bens de uso da empresa na atividade	– Reservas de lucros
ex. máquinas e equipamentos móveis	– Reserva legal, reserva estatutária, reserva de contingência, reserva de lucros a realizar.
– DIFERIDO	
– Bens em fase de construção pela empresa	– Lucros ou prejuízos acumulados
– Despesas pré-operacionais etc.	

Visando facilitar a compreensão da classificação dos bens patrimoniais detalhamos a mesma:

O ATIVO (Bens e Direitos) = APLICAÇÃO DE RECURSOS

Os bens e direitos constituem o Ativo. Podemos desta forma concluir que é tudo que a entidade tem. É a parte positiva da posição patrimonial, identifica onde os recursos foram aplicados.

No Ativo circulante encontramos as disponibilidades da empresa (bens numerários), os bens de vendas e transformação (Estoques), os créditos de funcionamento (Títulos a Receber, Clientes, Duplicatas a Receber etc.), os créditos de financiamentos (eventuais empréstimos concedidos a curto prazo), completando-se o grupo com as despesas pagas antecipadamente em relação ao exercício financeiro em que foram realizadas.

Os créditos que a empresa tem com terceiros, com prazo superior ao término do exercício seguinte, de acordo com a legislação (lei 6.404/

76 art. 179) são classificados num grupo especial chamado Ativo Realizável a Longo Prazo. Assim, os mesmos bens e direitos classificáveis no Ativo Circulante poderão também se classificar no Realizável a Longo Prazo, desde que o seu vencimento seja posterior ao término do exercício seguinte.

Classificam-se no Realizável a Longo Prazo, além dos direitos a receber com prazo superior ao término do exercício seguinte, os empréstimos efetuados às Sociedades Coligadas ou Controladas que, por sua natureza, não têm prazo previsto para serem recebidos por se tratar de um reforço financeiro que a empresa controladora proporcionou à sua controlada ou Coligada e que só será devolvido quando a situação financeira daquele que recebeu o empréstimo se estabilizar. São ainda classificados nesse grupo os investimentos efetuados pela empresa, por ocasião da declaração de Imposto de Renda em áreas de interesse do Governo Federal, tais como Amazônia, Nordeste, Pesca, Turismo etc.

No Ativo permanente classificam os bens que não se destinam à Venda e sim à renda ou uso da empresa.

No subgrupo investimentos são classificados os bens de renda (Imóveis de aluguel, ações de Empresas Coligadas, Títulos representativos de investimentos etc.) que a empresa mantém, com ânimo de auferir receitas.

Imobilizado é contituído pelos bens fixos (tangíveis ou intangíveis) diretamente vinculados à atividade da empresa, tais como imóveis de uso, veículos, móveis e utensílios, instalações, marcas e patentes etc. A imobilização dos gastos na aquisição desses bens decorre de sua própria natureza, posto que serão utilizados pela empresa por muito tempo.

A legislação determina a ativação dos bens que possuem vida útil superior a 1 (um) ano, todavia, a Instrução Normativa 13/92 da Secretaria da Receita Federal, permite que, para efeito de tributação do Imposto de Renda, os bens duráveis de valor inferior a 394,13 UFIR sejam contabilizados diretamente como despesa, independentemente de sua duração. Entendemos que o entendimento do Fisco manifestado na referida instrução está em perfeita consonância com a convenção da materialidade, portanto, seria obrigatório a ativação de diversos bens insignificantes (por exemplo: compra de um grampeador etc.).

O diferido completa o grupo do Ativo Permanente e compreende as despesas pagas pela empresa que irão influenciar no resultado de exercícios futuros, como as realizadas para a legalização e o Funcionamento (despesas pré-operacionais) das benfeitorias em prédios de terceiros (que serão utilizadas em vários exercícios) etc.; pela natureza dessas despesas elas somente serão amortizáveis, em cada exercício, proporcionalmente à sua duração de influência em resultados de exercícios futuros no prazo máximo de 10 anos (lei 6.404/76, art. 183, § 3º).

PASSIVO – (ORIGEM DOS RECURSOS)

O passivo é a posição que registra as origens dos recursos de uma entidade. Os recursos de terceiros são representados pelas obrigações da entidade e os recursos próprios são registrados no patrimônio líquido.

No passivo circulante, classificam-se as obrigações (dívidas) contraídas pela empresa vencíveis até o final do exercício seguinte.

No exigível a longo prazo, as obrigações vencíveis após o final do exercício seguinte ou sem data determinada de vencimento.

Resultado de exercícios futuros, as contas representativas de receitas pertencentes aos exercícios seguintes (vendas para entrega futura, aluguéis recebidos antecipadamente etc.). Os valores de custos incorridos na obtenção dessas receitas deverão também ser registrados neste grupo como parcelas a serem deduzidas das mesmas.

O patrimônio líquido (Fonte de Recursos Próprios)

O Patrimônio Líquido também citado por alguns como Situação Líquida, representa o quinhão dos proprietários estando nele representados o Capital Social, as Reservas e os Lucros ou Prejuízos Acumulados verificados na exploração da atividade

No Balanço Patrimônial ele figura no passivo para representar também a obrigação que a empresa tem para com os seus proprietários, visto que, em caso de liquidação da empresa, após o resgate de todos os compromissos com terceiros, ele representa a parte líquida que sobrará aos proprietários. Constitui, pois, o Capital Próprio destinado a financiar a atividade empresarial.

O capital social constitui o investimento em espécie efetuado pelos proprietários para financiar a exploração da atividade sendo que sua integralização poderá ser em moeda corrente ou bens.

As reservas constituem parcelas de aumento do Patrimônio Líquido que não foram incorporadas ao Capital Social e que servem de reforço no Patrimônio Líquido para suportar os investimentos da empresa. As reservas podem ser de vários tipos a saber:
– Reservas de Capital
– Reservas de Reavaliação
– Reservas de Lucros

Reservas de Capital

Esse tipo de reserva acontece por operações estranhas à atividade normal da empresa. Representam aumentos indiretos do Patrimônio Líquido, provenientes de fenômenos extra-operacionais tais como:

Reserva de Ágio na Subscrição de Ações – corresponde ao ágio recebido quando da venda de ações de uma Sociedade Anônima, por valor superior ao valor nominal das mesmas.

Reserva de Reavaliação dos Bens – corresponde à contrapartida do acréscimo patrimonial decorrente da reavaliação de bens do Ativo Permanente (geralmente imóveis) a preço de mercado.

Reservas de Lucros – correspondem às verdadeiras reservas, isto é, corresponde a uma parte do lucro da empresa que fica nela retido. Divide-se em:

a) Reserva Legal – é contituída de 5% do lucro líquido apurado em Balanço, até o limite de 20% do Capital Realizado. É uma reserva obrigatória para as Sociedades Anônimas.

b) Reserva Estatutária – como o próprio nome indica, é uma reserva prevista nos Estatutos da Empresa, e de acordo com o percentual estabelecido será retido do Lucro Líquido.

c) Reserva de Contingência – a possibilidade de diminuição do lucro proveniente de uma perda futura, cujo valor possa ser estimado poderá dar margem à formação dessa reserva para que possa cobrir aquela perda prevista.

d) Reservas de Lucros a Realizar – em determinado Exercício Financeiro em que o lucro for suficiente para cobrir as Reservas Legais, Estatutárias e de contingência e ainda existir sobras, esse excesso poderá reverter numa reserva da empresa, com a distribuição dessa sobra.

Lucros ou Prejuízos Acumulados – como o próprio nome indica, representa os resultados ao longo dos exercícios sociais da empresa. Se for positivo (lucro), aumenta o patrimônio líquido da empresa; se negativo (prejuízo) diminui o valor do patrimônio líquido.

Ações em Tesouraria – São apresentadas como parcelas devedoras do Patrimônio Líquido, por representarem aquisição de ações de emissão da própria empresa, com o objetivo de retirá-las do mercado. E, obviamente, o valor de emissão destas acha-se contido no capital da empresa.

2.1 ANÁLISE DAS NECESSIDADES DE CAPITAL DE GIRO

Ao se analisar as necessidades de capital de giro através da contabilidade, faz-se necessário uma reclassificação do balanço, ou seja, uma distribuição das contas em grupos diferentes dos contemplados pela lei 6.404/76.

Os professores Armando de Santi Filho & José Leônidas Olinquevitch reclassificam o balanço patrimonial da seguinte forma:

2.1.1 Reclassificação do Balanço Patrimonial

Ativo
Aplicações de Capital de Giro
– Duplicatas a receber
– Estoques
– Despesas antecipadas
– Outras
Outras Contas do
Ativo Circulante
– Disponibilidades
– Aplicações financeiras
– Outras
Realizável a longo prazo
Ativo permanente

Passivo
Fontes de Capital de Giro
– Fornecedores
– Obrigações fiscais
– Obrigações trabalhistas
– Outras
Outras contas do
Passivo Circulante
– Duplicatas descontadas
– Empréstimos e financiamentos
– Outras
Exigível a longo prazo
Patrimônio Líquido[4]

---

[4] Armando de Santi Filho & José Leônidas Olinquevitch (1.989), Pg. 157.

Após a reclassificação do balanço patrimonial, o cálculo das necessidades líquidas de capital de giro (NLCG) torna-se fácil: é só subtrair do grupo de aplicações as fontes (aplicações – fontes).

Quando o resultado for positivo (aplicações maiores que as fontes), significa que a empresa necessita de recursos para financiar o giro dos negócios.

Quando o resultado for negativo (aplicações menores que as fontes), significa que a empresa não necessita de mais recursos para financiar o giro, ela já está sendo financiada com recursos de terceiros.

Necessidades líquidas de capital de giro – NLDCG

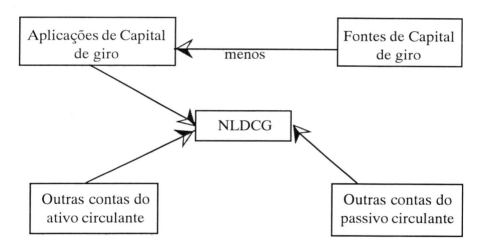

2.1.2 Fontes de Capital de Giro

O capital de giro da empresa tem duas fontes: recursos próprios e recursos de terceiros.

Recursos próprios – são os recursos da própria empresa e estão localizados no grupo do patrimônio líquido (capital social, reservas de capital, lucros acumulados etc.); e os recursos próprios podem financiar o capital de giro ou o investimento fixo ou ambos.

Para sabermos o destino dos recursos próprios, devemos usar a seguinte fórmula: patrimônio líquido menos ativo permanente.

27

Quando o resultado da fórmula for positivo, significa que esse valor está sendo empregado no capital de giro. Quando o resultado for negativo, significa que os recursos próprios estão todos empregados no investimento fixo e esse valor encontrado é de recursos de terceiros, e estão localizados nos grupos do passivo circulante ou exigível a longo prazo.

Recursos de terceiros – são recursos não pertencentes à empresa e que estão financiando o capital de giro ou o investimento fixo (em parte ou ao todo).

Os recursos de terceiros no balanço patrimonial figuram nos grupos passivo circulante e patrimônio líquido.

2.1.3 Cálculo do Capital de Giro

Ao calcularmos o capital de giro da empresa, devemos usar a seguinte fórmula: patrimônio líquido menos ativo permanente (PL – AP).

Para facilitar a compreensão exemplificamos, conforme segue:

Balanço Patrimonial da Empresa XYZ

ATIVO	PASSIVO
Circulante	Circulante
– Caixa 3.000,00	– Fornecedores 22.000,00
– Banco conta Movim 6.000,00	– Obrigações Fiscais 4.000,00
– Aplicações Financeiras 8.000,00	– Obrigações Trabalhistas 3.800,00
– Duplicatas a Receber 34.000,00	– Emprest.Banco C.Prazo ..... <u>15.000,00</u>
– Duplicatas descontadas ..(10.000,00)	44.800,00
– Estoques 35.000,00	
– Despesas antecipadas .... <u>2.200,00</u>	Exigível a Longo Prazo
.... 78.200,00	– Financiam. Banco L.Prazo 43.000,00
Permanente	– Empréstimos c/Veículos .... <u>4.000,00</u>
– Terreno 12.000,00	47.000,00
– Constr. Civil 18.000,00	
– Instalações 1.800,00	Patrimônio Líquido
– Veículos 19.000,00	– Capital Social 30.000,00
– Móveis e utensílios 2.600,00	– Reservas de Capital 6.000,00
– Equipam. de Comunic 1.900,00	– Lucros Acumulados .... <u>8.200,00</u>
– Diferido .... <u>2.500,00</u>	44.200,00
<u>57.800,00</u>	
Ativo total 136.000,00	Passivo Total 136.000,00

Reclassificação do balanço patrimonial

ATIVO   PASSIVO

Aplicações de Capital de giro
- Duplicatas a receber 34.000,00
- Estoques 35.000,00
- Despesas antecipadas 2.200,00
                                    71.200,00

Outras contas do ativo circulante
- Disponibilidades 9.000,00
- Aplicações financeiras 8.000,00
                                    17.000,00
Ativo permanente 57.800,00

Ativo Total 146.000,00

Fontes de Capital de giro
- Fornecedores 22.000,00
- Obrigações fiscais 4.000,00
- Obrigações trabalhistas 3.800,00
                                    29.800,00

Outras contas do passivo circulante
- Emprest.bancário curto pr. 15.000,00
- Duplicatas descontadas 10.000,00
                                    25.000,00
Exigível a Longo Prazo 47.000,00
Patrimônio Líquido 44.200,00
Passivo Total 146.000,00

a) CDG = capital de giro
    PL - AP = 44.200,00 - 57.800,00 = -13.600,00

b) NLCG = Necessidades líquidas de capital de giro
    Aplicações - fontes = 71.200,00 - 29.800,00 = 41.400,00

Observação:

Pelo que observamos, a empresa não tem recursos para o capital de giro, pois, além de usar todos os recursos próprios, está usando 13.600,00 de recursos de terceiros para financiar o seu ativo permanente.

As necessidades líquidas de capital de giro da empresa são de 41.400,00 e esse valor é de recursos de terceiros.

2.1.3.1 Os Fatores que atuam sobre o capital de giro

As principais atividades que reduzem o capital de giro são:

— **Prejuízos:** à medida em que a empresa tenha como resultado de suas atividades prejuízos este está reduzindo o capital de giro, visto que o mesmo reduz o patrimônio líquido.

Exemplo: Suponha uma empresa com o seguinte balanço em 31-12-1.9x1: (sem depreciação).

Ativo		Passivo	
Ativo circulante .... R$	32.000,00	Passivo circulante .... R$	32.000,00
Ativo permanente .... R$	48.000,00	Patrimônio líquido .... R$	53.000,00
Total .... R$	80.000,00	Total .... R$	80.000,00

CDG Capital de giro é: R$ 53.000,00 - 48.000,00 = R$ 5.000,00.

Durante o ano de 1.9x2, foram obtidos os seguintes resultados:

Vendas .... R$	180.000,00 (todas recebidas)
(-) despesas .... R$	190.000,00 (10% a pagar)
Prejuízo .... R$	(10.000,00)

O balanço em 31-12-1.9x2 será:

Ativo		Passivo	
Ativo Circulante .... R$	23.000,00	Passivo circulante .... R$	28.000,00
Ativo permanente .... R$	48.000,00	Patrimônio líquido .... R$	53.000,00
Total .... R$	71.000,00	Total .... R$	71.000,00

CDG capital de giro é: R$ 43.000,00 - 48.000,00 = (-5.000,00).

CDG inicial .... R$	5.000,00
prejuízo .... R$	10.000,00
CDG final .... R$	(5.000,00)

– Aquisição de ativo permanente: no momento em que a empresa adquire um bem do ativo permanente, ela está reduzindo a disponibilidade de capital de giro.

Exemplo: Suponha uma empresa com o seguinte balanço em 31-12-1.9x1 (sem depreciação).

Ativo		Passivo	
Ativo circulante .... R$	60.000,00	Passivo circulante .... R$	20.000,00
Ativo permanente ..... R$	40.000,00	Patrimônio líquido ...... R$	80.000,00
Total .... R$	100.000,00	Total .... R$	100.000,00

CDG - capital de giro R$ 80.000,00 - 40.000,00 = R$ 40.000,00

Durante o ano de 1.9x2 foram obtidos os seguintes resultados:

Vendas .... R$ 210.000,00 (todas recebidas)
(-) despesas .... R$ 186.000,00 (10% a pagar)
Lucro .... R$ 24.000,00

Além disso foram adquiridos máquinas e equipamentos no valor de R$ 42.000,00 à vista. O balanço em 31-12-1.9x2 será:

Ativo		Passivo	
Ativo circulante .... R$	40.600,00	Passivo circulante ...... R$	18.600,00
Ativo permanente .... R$	82.000,00	Patrimônio líquido ..... R$	80.000,00
Total .... R$	122.600,00	Lucro .... R$	24.000,00
		Total .... R$	122.600,00

CDG - capital de giro R$ 104.000,00 - 82.000,00 = 22.000,00.

CDG inicial .... R$ 40.000,00
Lucro .... R$ 24.000,00
(-) aquis. ativo perm .... R$ (42.000,00)
CDG atual .... R$ 22.000,00

– **Distribuição de lucros**: a distribuição de lucros é um dos fatores que contribui para a diminuição do capital de giro, pois, com a distribuição há uma redução no patrimônio líquido da empresa.

Exemplo: Suponha que a empresa apresente o seguinte balancete em 31-12-1.9x1:

Ativo	Passivo		
Ativo circulante .... R$ 38.000,00	Passivo circulante ...... R$	8.000,00	
Ativo permanente .... R$ 120.000,00	Patrimônio líquido ..... R$	150.000,00	
R$ 158.000,00	R$	158.000,00	

CDG - capital de giro = 150.000,00 menos 120.000,00 = 30.000,00.

Durante o ano de 1.9x2, foram obtidos os seguintes resultados:

Vendas .... R$ 300.000,00 (todas recebidas)
(-) despesas .... R$ 280.000,00 (10% a pagar)
Lucro .... R$ 20.000,00

No final do ano foi proposto a distribuição de dividendos de R$ 10.000,00. O balanço final em 31-12-1.9x2 será:

Ativo		Passivo	
Ativo circulante	R$ 78.000,00	Passivo circulante ...... R$	
		Despesas a pagar .... R$	28.000,00
Ativo permanente .... R$	120.000,00	Dividendos a pagar .... R$	10.000,00
		Patrimônio líquido ..... R$	150.000,00
		Lucros .... R$	10.000,00
Total do ativo .... R$	198.000,00	Total do passivo .... R$	198.000,00

CDG - capital de giro = 160.000,00 menos 120.000,00 = 40.000,00, ou seja:

CDG inicial .... R$ 30.000,00
+ lucros .... R$ 20.000,00
– dividendos .... R$ (10.000,00)
CDG final .... R$ 40.000,00

As principais atividades que aumentam o capital de giro são:

A depreciação, os lucros, a venda de bens do ativo permanente (imóveis, veículos, máquinas etc.), a injeção de recursos por parte dos sócios, aumentam o capital de giro da empresa.

– **Depreciação:** nos exemplos anteriores tomamos como hipóteses a inexistência do cálculo e contabilização da depreciação.

Exemplo: balanço em 31-12-1.9x1

Ativo		Passivo	
Ativo circulante .... R$	40.000,00	Passivo circulante .... R$	20.000,00
Ativo permanente .... R$	50.000,00	Patrimônio líquido ... R$	70.000,00
R$	90.000,00	R$	90.000,00

CDG - capital de giro = 70.000,00 menos 50.000,00 = 20.000,00.

Durante o ano de 1.9x2 foram obtidos os seguintes resultados:

Vendas .... R$ 400.000,00 (todas recebidas)
Despesas .... R$ 397.000,00 (10% a pagar)
(-) depreciação .... R$ 5.000,00
Prejuízo .... R$ (2.000,00)

O balanço em 31-12-1.9x2 será:

Ativo   Passivo

Ativo circulante .... R$ 62.700,00   Passivo circulante ..... R$ 39.700,00
Ativo permanente .... R$ 45.000,00   Patrimônio líquido .... R$ 70.000,00
                         R$ 107.700,00   Prejuízo .... R$ (2.000,00)
                                              R$ 107.700,00

CDG - capital de giro = 68.000,00 menos 45.000,00 = 23.000,00, ou seja:

CDG inicial .... R$ 20.000,00
(-) prejuízo .... R$ (2.000,00)
(+) depreciação .... R$ 5.000,00
Total .... R$ 23.000,00

Como podemos observar, sempre que a depreciação for maior que o prejuízo, o resultado aumenta no CDG (capital de giro).

– Venda de bens do ativo permanente: a venda de um componente do ativo permanente provoca um aumento da disponibilidade de capital de giro.

2.1.4 Capital de giro próprio, nulo e de terceiros

Quando reclassificamos o balanço patrimonial de uma empresa e identificamos as aplicações de recursos e as fontes, podemos identificar três situações possíveis de capital de giro.

a) Capital de giro nulo

Ativo   Passivo
Aplicações de recursos = Fontes de recursos
Ex. R$ 10   R$ 10

É uma situação em que as aplicações de recursos nos itens duplicatas a receber, estoques, despesas antecipadas etc. são iguais às fontes de recursos: fornecedores, obrigações fiscais, obrigações trabalhistas etc.

b) Capital de giro próprio

Ativo | Passivo
Aplicações de recursos > Fontes de recursos
Ex. R$ 10 | R$ 8

É a relação em que as aplicações de recursos em duplicatas a receber, estoques, despesas antecipadas etc., são maiores que as fontes de recursos, de fornecedores, obrigações fiscais, trabalhistas etc.; essa diferença deve estar localizada no patrimônio líquido da empresa.

c) Capital de giro de terceiros

Ativo | Passivo
Aplicações de recursos < Fontes de recursos
Ex. R$ 8 | R$ 10

É a relação em que as aplicações de recursos são menores que as fontes, ou seja, duplicatas a receber, estoques, despesas antecipadas etc. somam valores inferiores às fontes de fornecedores, obrigações fiscais e trabalhistas etc.

Observação:

As afirmações sobre capital de giro nulo, próprio e de terceiros acima serão verdadeiras quando:

a) capital de giro nulo, aplicações = fontes; nesse caso o patrimônio líquido tem de ser igual à soma do realizável a longo prazo, com o ativo permanente e as outras contas do ativo circulante iguais a outras contas do passivo circulante.

$$AP + RLP = PL \text{ e } OCAC = OCPC$$

b) capital de giro próprio, aplicações > fontes, só quando a diferença encontrada mais o ativo permanente, mais realizável a longo prazo é igual ao patrimônio líquido e as outras contas do ativo circulante são iguais às outras contas do passivo circulante.

$$\text{giro próprio} + AP + RLP = PL \text{ e } OCAC = OCPC.$$

c) capital de giro de terceiros, aplicações < fontes, só quando as outras contas do ativo circulante mais ativo permanente são iguais ao patrimônio líquido.

$$OCAC + AP = PL$$

OCAC = outras contas do ativo circulante
OCPC = outras contas do passivo circulante
AP = Ativo permanente
RLP = Realizável a longo prazo

2.1.5 Capital de Giro e Liquidez

Uma das razões para se calcular o capital de giro é a necessidade de recursos para saldar as obrigações, e os indicadores de liquidez mostram exatamente a capacidade de pagamento.

Os indicadores de liquidez são um instrumento muito utilizado pelos profissionais das áreas de crédito, principalmente nas decisões de vendas a prazo e empréstimos em geral.

Liquidez Imediata

É a relação entre o disponível (caixa, banco c/movimento etc.) e as obrigações a curto prazo. Quanto a empresa possui recursos imediatos para pagamento de obrigações a curto prazo.

$$LI = \frac{Disponível}{Passivo\ Circulante}$$

Liquidez Seca

A liquidez seca é uma medida menos sensível que a imediata, pois, além do disponível, inclui outros direitos a curto prazo e exclui os estoques (matéria-prima, material secundário, produtos em elaboração, produtos acabados etc.).

$$LS = \frac{Ativo\ Circulante\ -\ Estoques}{Passivo\ Circulante}$$

Liquidez Corrente

A liquidez corrente mostra quanto a empresa possui de recursos a curto prazo, para pagar as obrigações a curto prazo. Para cada real de obrigação a curto prazo, quanto ela possui de recursos.

$$LC = \frac{Ativo\ Circulante}{Passivo\ Circulante}$$

Liquidez Geral

Mostra quanto a empresa possui de recursos a curto e longo prazo para o pagamento das obrigações também a curto e longo prazo.

$$LG = \frac{\text{Ativo Circulante + Realizável a longo prazo}}{\text{Passivo Circulante + Exigível a longo prazo}}$$

Exemplo de cálculo de liquidez:

A empresa AB Indústria e Comércio Ltda, apresenta a seguinte estrutura patrimonial:

Ativo

Circulante

– Caixa .... R$	1.100,00	
– Banco Sudameris C/C .... R$	5.200,00	
– Banco do Brasil C/C.............R$	4.700,00	
– Duplicatas a receber .... R$	3.000,00	
– Adiantamento de salários........ R$	2.400,00	
– Est.de mat. de consumo.......... R$	1.800,00	
– Est. matéria-prima .... R$	16.000,00	
– Est. prod.em elaboração .... R$	3.000,00	
– Est. produtos acabados........... R$	18.000,00	
– Adiantam. a Fornecedores ...... R$	2.200,00	
– Despesas antecipadas .... R$	1.100,00	R$ 56.500,00

Permanente

– Computadores e periféricos .... R$	14.000,00	
– Equipamentos de Comunic ..... R$	3.200,00	
– Móveis e Utensílios .... R$	4.100,00	
– Maq.Equip.Escritório .... R$	3.300,00	
– Veículos .... R$	28.200,00	
– Terreno .... R$	18.000,00	
– Constr. Civil .... R$	36.000,00	
– Imóvel de Aluguel .... R$	18.000,00	R$ 125.300,00

Diferido

– Const. civil em andamento............................	R$	8.000,00
Total do Ativo	R$	189.800,00

Passivo

Circulante

– Fornecedores .... R$	28.000,00	
– Salários a pagar .... R$	6.600,00	
– INSS a recolher .... R$	2.700,00	
– FGTS a depositar .... R$	530,00	
– Férias a pagar .... R$	3.350,00	
– Impostos a pagar .... R$	3.000,00	
– Contas a pagar .... R$	5.600,00	R$ 59.780,00

Exigível a Longo Prazo

– Empréstimos bancários ...... R$	18.000,00	
– Fin.Veículos .... R$	12.000,00	R$ 30.000,00

Patrimônio Líquido

– Capital social .... R$	80.000,00	
– Reservas de capital .... R$	8.000,00	
– Lucros acumulados............ R$	12.020,00	R$ 100.020,00
Total do Passivo .... R$	189.800,00	

Cálculo dos indicadores de liquidez:

$$\text{Liquidez corrente} = LC = \frac{AC}{PC} \quad \frac{56.500,00}{59.780,00} = 0,9451$$

$$\text{Liquidez Imediata} = LI = \frac{\text{Disponível}}{PC} \quad \frac{11.000,00}{59.780,00} = 0,1840$$

$$\text{Liquidez Seca} = LS = \frac{AC - Estoq.}{PC} = \frac{17.700,00}{59.780,00} = 0,2961$$

$$\text{Liquidez Geral} = \frac{AC + RLP}{PC + ELP} = \frac{56.500,00}{89.780,00} = 0,6293$$

2.1.6 Fluxo de caixa

Conceito

O fluxo de caixa é um instrumento administrativo que registra (relaciona) as entradas e saídas de recursos provenientes das atividades de uma empresa, num período de tempo. A partir do momento em que se elabora o fluxo, é possivel detectar com antecedência o volume de recursos necessários para a empresa, possibilitando evitar escassez ou excedentes.

Um instrumento importante no departamento financeiro na gestão do capital de giro é o fluxo de caixa (FC). Este mostra, *a priori*, o volume de entradas e saídas diárias, tornando fáceis as medidas para evitar possíveis estrangulamentos financeiros.

Ao elaborar um fluxo de caixa, devemos levar em conta um conjunto de informações relativas às atividades da empresa, tais como vendas passadas, tanto à vista quanto a prazo, direitos da empresa conseqüência de fatos passados, valores numerários da empresa no caixa ou em conta corrente nos bancos, obrigações da empresa para com terceiros e seus respectivos vencimentos (duplicatas a pagar,empréstimos, obrigações fiscais e obrigações trabalhistas etc.). Ao analisar as informações sobre o comportamento das vendas passadas podemos identificar a provável entrada de valores provenientes de vendas à vista, e prever também a provável compra de mercadorias e seu pagamento, identificando com isso as saídas de recursos.

O fluxo de caixa fornece informações de quais são os dias de estrangulamento ou de excedentes de recursos, possibilitando uma melhor administração do fluxo financeiro.

Outro fator importante no fluxo de caixa é o controle deste entre o fluxo previsto e o fluxo realizado. Podendo identificar as distorções e as causas e, posteriormente, tomar medidas para evitar a repetição das falhas.

Visando auxiliar o usuário deste trabalho, elaboramos um modelo de fluxo de caixa e informamos ainda que não é o único, pois dependendo das características da empresa, o fluxo deve ser elaborado de maneira diferente.

2.1.6.1 Principais transações que afetam o caixa

A seguir relacionamos as principais operações que afetam o caixa:

A – Transações que aumentam o caixa (disponível)

– Integralização do capital pelos acionistas ou quotistas: são os investimentos realizados pelos sócios. Se a integralização não for em dinheiro, mas em bens permanentes, estoques, títulos etc., não afetará o caixa.

– Empréstimos bancários e financiamentos: são os recursos financeiros oriundos das instituições. Normalmente, os empréstimos bancários são empregados no capital de giro da empresa, principalmente os empréstimos de curto prazo, já os empréstimos a longo prazo na maior parte das vezes são destinados a financiar o permanente.

– Vendas de itens do ativo permanente: embora não seja comum, a empresa pode vender itens do ativo fixo. Nesse caso, teremos uma entrada de recursos financeiros.

– Vendas à vista e o recebimento sendo através de duplicatas a receber: é a principal fonte de recursos de caixa, sem dúvida, é aquela resultante da principal atividade da empresa (vendas).

– Outras entradas: juros recebidos, dividendos recebidos de outras empresas, indenizações de seguros recebidas etc.

B – Transações que diminuem o caixa (disponível)

– Pagamento de dividendos aos acionistas: se os investimentos dos proprietários da empresa representam entradas em caixa, os dividendos pagos, em cada exercício, significam diminuição do caixa.

– Pagamento de juros e amortização da dívida: o resgate das obrigações junto às instituições financeiras (juros, comissões, CPMF etc.) significam saída de dinheiro do caixa.

– Aquisição de itens do ativo permanente: são as aquisições à vista de imobilizado e de itens no subgrupo investimentos (ações etc.), diferido (despesas antecipadas de exercícios futuros etc.).

– Compras à vista e pagamento de fornecedores: são aquelas saídas de numerários à matéria-prima, material secundário, mercadorias, material de consumo etc.

– Pagamento de despesa/custo, contas a pagar e outros: são os desembolsos com despesas administrativas de vendas, com itens do custo e outros.

C – Transações que não afetam o caixa

Através dos itens relacionados no grupo A observamos as principais entradas de dinheiro em caixa (disponível). Através dos itens relacionados no grupo B observamos os principais desembolsos (saída de caixa - disponível).

Agora observamos algumas transações que não afetam o caixa, ou seja, transações extra caixa:

– Depreciação, amortização, exaustão: são meras reduções do ativo, sem afetar o caixa.

– Provisão para devedores: estimativa de prováveis perdas com clientes que não representam desembolso para a empresa.

– Acréscimos (ou diminuições) de itens de investimentos pelo método de equivalência patrimonial.

2.1.6.2Modelo de Fluxo de Caixa

Empresa: X Ltda
Período 01-07-98 a 31-07-98

Data	Discriminação	Entradas	Saídas
01-07	Vendas de mercadorias à vista	0-0	
01-07	Pagamento da duplicata y		0-0
01-07	Recebimento da duplicata z	0-0	
01-07	Pagamento de despesas diversas		0-0
02.07	Vendas de mercadorias à vista	0-0	
02.07	Pagamento de duplicatas		0-0
05-07	Vendas de mercadorias à vista	0-0	
05-07	Pagamento de salários		0-0
05-07	Pagamento ref. compra de mercador.		0-0

Data	Discriminação	Entradas	Saídas
05-07	Pagamento de despesas diversas		0-0
05-07	Recebimento ref. duplicatas	0-0	
25-07	Pagamento vale aos funcionários		0-0
30-07	Compra de mercadorias à vista		0-0
30-07	Recebimento ref. vendas à vista	0-0	
30-07	Pagamento ref. despesas diversas		0-0
30-07	Saldo em caixa mês anterior (03)	0-0	
30-07	Saldo Banco Brasil	0-0	
30-07	Total do mês	0-0	0-0
30-04	Saldos p/mês seguinte:		
	Caixa..	0-0	
	Banco do Brasil.............................	0-0	
	Banco do Estado...........................	0-0	

2.1.6.3 Fluxo de caixa operacional

O fluxo de caixa operacional representa os recursos financeiros produzidos pelos ativos operacionais, ou seja, diretamente vinculados às atividades principais da empresa. Constitui-se como medida dos recursos financeiros, decorrentes das atividades operacionais.

A maneira de se calcular o fluxo de caixa operacional é a seguinte:

Fluxo de caixa operacional = Lucro líquido + depreciação + provisão para imposto de renda + contribuição social.

Para encontrar o lucro líquido, devemos utilizar a seguinte fórmula:

Lucro operacional + resultado não operacional (receita - despesa) - provisão para imposto de renda (15%) - contribuição social (9,6%).

Visando facilitar o entendimento exemplificamos:

– Lucro operacional	R$	186.300,00
– Resultado não operacional	R$	3.200,00
– Lucro antes do I.R	R$	189.500,00
– Provisão para Imposto de Renda 15%	R$	(28.425,00)
– Contribuição Social 9,6%	R$	(18.192,00)
– Lucro Líquido	R$	142.883,00

No exemplo acima verifica-se que a empresa conta com um lucro líquido de R$ 142.883,00 (cento e quarenta e dois mil oitocentos e oitenta e três reais) que dá um suporte para esta buscar recursos com terceiros e conseqüentemente melhorar a sua disponibilidade de capital de giro.

Caso a empresa busque recursos de terceiros (financiamento) para aumentar o capital de giro e tenha um custo financeiro, no período, de R$ 40.000,00, o lucro líquido da empresa seria o seguinte:

– Lucro operacional	R$	186.300,00
– Resultado não operacional	R$	3.200,00
– Total	R$	189.500,00
– Encargos financeiros	R$	(40.000,00)
– Lucro antes do I.R.	R$	149.500,00
– Provisão para Imp.Renda (15%)	R$	(22.425,00)
– Contribuição social (9,6%)	R$	(14.352,00)
– Lucro Líquido	R$	112.723,00

O fluxo de caixa operacional nos dois exemplos citados é o seguinte:

Exemplo 01
– Lucro líquido	R$	142.883,00
– Depreciação	R$	5.600,00
– Prov. p/Imp.de renda	R$	28.425,00
– Contribuição social	R$	18.192,00
Total	R$	195.100,00

Exemplo 02
– Lucro líquido	R$	112.723,00
– Depreciação	R$	5.600,00
– Prov. p/imp. de renda	R$	22.425,00
– Contribuição social	R$	14.352,00
Total	R$	155.100,00

2.1.7 Valores a Receber (contas)

Conceito

Valores ou contas a receber são direitos que uma determinada empresa tem a receber de terceiros, num determinado período de tempo futuro. São bens da empresa que estão na posse de terceiros e que têm uma promessa de retornar no futuro em forma de outro bem, normalmente moeda corrente do País.

O período futuro para receber depende de cada empresa, das condições desta, da maneira como a empresa trabalha, do mercado consumidor onde esta atua etc., mas, normalmente, esse período é em dias, podendo ser de 30, 45, 60, 90 dias.

Política de crédito

Conceito

Política de crédito são as normas adotadas pela empresa para administrar as vendas a prazo, as condições para efetuar uma venda a prazo (valores mínimos e máximos, prazos de pagamento, forma de cobrança etc.).

Toda empresa que trabalha com vendas a prazo, tem uma política de crédito e esta depende das características da empresa, tais como capital de giro próprio, empregado no financiamento das vendas a terceiros, ou a utilização de recursos de terceiros, através de empréstimos, ou desconto de duplicatas junto à rede bancária.

O administrador das vendas a prazo deve ter um controle, fazer um acompanhamento do volume de vendas, prazo de recebimento, o montante de vendas a prazo e que recebimento está no prazo previsto, o montante de recebimento com atraso, média em dias de atraso etc. Quando se tem essas informações é possível saber ou prever o volume de recebimento das vendas a prazo, bem como o não recebimento das vendas etc.

2.1.7.1 Giro dos valores a receber

O giro dos valores a receber é a relação entre as vendas a prazo e o montante de valores a receber.

Para se saber o giro dos valores a receber, usaremos a seguinte fórmula:

Vendas a prazo
Valores a receber[5]

Por exemplo: Se nos dois últimos bimestres a empresa vendeu a prazo um total de R$ 960.000,00 e o volume da carteira de duplicatas a receber é de R$ 320.000,00 (trezentos e vinte mil reais), o giro é o seguinte:

$$\text{Giro} = \frac{960.000,00}{320.000,00} = 3 \text{ vezes}$$

---

[5] Alexandre Assaf Neto & José Leônidas Olinquevitch (1.997), pg.129.

Pelo resultado, percebemos que as vendas a prazo giraram (foram recebidas) três vezes no período de 120 dias, indicando um prazo médio de:

Prazo médio = $\dfrac{120}{3}$ = 40 dias

À medida que o administrador encontra o prazo médio de recebimento das vendas a prazo, pode realizar campanhas para aumentar o índice e conseqüentemente diminuir o prazo médio no recebimento das contas, desde que essa diminuição do prazo não tenha como conseqüência uma queda nos valores a receber, decorrentes do aumento do recebimento ocasionado por promoções que sacrifiquem a lucratividade da empresa.

Exemplo:

O mesmo exemplo acima, num volume de contas a receber de R$ 320.000,00, modificasse para R$ 220.000,00 e a diferença de R$ 100.000,00 recebida ocorreu em função de uma promoção de desconto de 10%, o custo deste seria de R$ 10.000,00.

Giro = $\dfrac{960.000,00}{220.000,00}$ = 4,36 vezes

Em dias = $\dfrac{120}{4,36}$ = 27,5 dias

A análise neste caso, onde o prazo médio de recebimento cai de 40 dias para 27,5 dias, o que representa um ganho considerável, auxilia na diminuição das necessidades de capital de giro.

O problema é: precisa-se saber se, para diminuir o prazo médio de recebimento, o custo decorrente da diminuição não afeta a lucratividade mínima da empresa.

2.1.8 Política de Estoques

A política de estoques é uma decisão importante na empresa e está ligada diretamente às necessidades de capital de giro, ou seja, *estoques* é sinônimo de recursos aplicados; recursos aplicados significa mais capital de giro investido.

Muitas são as razões que levam a empresa a manter os estoques, as principais são:

a) Estoque de matéria-prima, material secundário, embalagens etc.

Para se definir o volume de estocagem de matéria-prima, material secundário, embalagens etc. que a empresa deve manter, é preciso analisar alguns fatores, tais como:

— Local de origem da matéria-prima e demais componentes dos estoques, caso estes estejam próximos da localização da indústria, e também se os meios de transportá-los são de fácil acesso. Nesse caso a estocagem pode ser pequena, devido a não existir dificuldade em rapidamente colocar os materiais à disposição do setor produtivo. Ao contrário, localização distante da fábrica, transporte dificultoso, exigem que a estocagem deve ser maior, para que a produção não tenha interrupção por falta de matéria-prima.

— Custo da matéria-prima

Quando o custo da matéria-prima representa um valor significativo em relação ao custo de produção, em relação ao investimento da indústria, deve-se analisar com bastante cuidado, pois manter estoques acima das necessidades envolve um volume de capital de giro também elevado, que nem sempre a empresa tem. Assim, para manter uma estocagem acima das necessidades sem disponibilidade de capital de giro próprio, precisa-se buscar recursos com terceiros e nós sabemos que esses recursos significam aumento dos custos financeiros, o que nem sempre é viável.

— Espaço Físico

Dependendo das características da matéria-prima (tamanho, peso, fragilidade etc.) necessita-se de espaço físico maior, de mais cuidados na manutenção, e nós sabemos que para aumentar o espaço físico, para melhorar as instalações, ou seja, para formar infra-estrutura maior, o investimento também tende a ser maior.

Com espaço físico maior, para estocar mais produtos, o custo de manutenção também é maior, aumentando conseqüentemente o custo de produção.

– Volume Financeiro

Quanto maior for o volume de estoques de materia-prima, maior será o volume de recursos financeiros necessários para adquiri-los e também para mantê-los, nesse caso é preciso avaliar o custo financeiro, avaliar o custo de oportunidade.

– Processo produtivo

O volume de produção diária da empresa é outro fator importante na decisão de quanto devemos manter de estoques; quanto maior for a produção diária, maior será o consumo de matéria-prima. A manutenção de estoques é garantia de que a produção não terá descontinuidade por esse fator, por falta de matéria-prima.

b) Estoque de Produtos Acabados

Ao se definir o volume de estoques de produtos acabados, é importante verificar as características da empresa. Assim, por exemplo, se a empresa trabalha no sistema de produção por encomenda, não há necessidade de manter estoques, pois os produtos são industrializados de acordo com as exigências do comprador, os produtos são personalizados. Por outro lado, caso a empresa trabalhe no sistema de produção em série e as vendas são feitas durante a produção, há uma necessidade de se manter um estoque de produtos acabados para o pronto atendimento ao consumidor.

A estocagem de produtos acabados tem duas características antagônicas. A primeira é que a estocagem garante o pronto atendimento ao consumidor que é a razão da empresa para atingir os objetivos. A segunda característica é que a estocagem de produtos acabados é um fator que aumenta o custo da manutenção e também aumenta o volume de capital de giro necessário.

c) Mercado consumidor

O ponto de partida para se definir uma política de estoques numa empresa é, sem dúvida alguma, o mercado consumidor, pois é a razão de se manter os estoques.

Quando se faz um estudo de mercado bem detalhado, onde se leva em conta as características da região, o poder aquisitivo da população, a localização e raio de atuação da empresa, verifica-se a influência do mercado concorrente etc., torna-se fácil definir a política de estoques, pois o administrador tem todo o detalhamento das variáveis que influenciam na definição dos estoques.

Para finalizar, estoque é custo, é capital investido, é risco para a empresa, e quando envolve capital, custo e risco, deve-se tomar decisões com segurança e, para se ter segurança, é preciso estudar o mercado.

2.1.8.1 Análise da política de Estoques

Os estoques da empresa (produtos acabados) são a garantia do fornecimento dos produtos ao consumidor e também o ingrediente indispensável para a empresa gerar receitas.

A movimentação dos estoques ou a rotatividade é um parâmetro que mostra o volume de atividades da empresa. Quanto maior for a rotatividade dos estoques, maior será o montante de receitas geradas no período.

Uma forma de se avaliar a rotatividade dos estoques é através da seguinte fórmula:

$$RE = \frac{CMV}{EM}$$

RE = Rotação dos estoques
CMV = Custo da mercadoria vendida
EM = Estoque médio

Exemplo: A empresa yz no mês apresentou os seguintes dados:
– Vendas de mercadorias .... R$ 190.000,00
– Custo da mercadoria vendida .... R$ 130.000,00
– Estoque médio de mercadorias............. R$ 240.000,00

$$\text{Rotação de estoques} = \frac{130.000,00}{240.000,00} = 0,54$$

Pelo exemplo podemos observar que os estoques da empresa tiveram uma rotatividade de 54%.

Outra maneira de se avaliar é através da fórmula que mostra a rotatividade em dias, mostra o período médio de estoques:

Fórmula

$$PME = \frac{Est.}{CMV} \times 360$$

A fórmula acima mostra a permanência média dos estoques, ou seja, o período de dias necessários para o estoque girar.

A análise do comportamento dos estoques pode ser feita pelas informações contábeis apresentadas nas demonstrações e são de muita importância para o analista. Para facilitar a compreensão e demonstrar a utilização das demonstrações, contábeis considerando uma empresa que apresenta as seguintes informações:

	(T1)	(T2)
Estoque de produtos acabados (em 31-12)	490	560
Vendas	15.300,	14.900
Custo da mercadoria vendida	13.940,	13.910

$$PME\ (t1) = \frac{490}{13.940} \times 360 = 12,64\ dias$$

$$PME\ (t2)\ \frac{560}{13.910} \times 360 = 14,47\ dias$$

Essa empresa apresentou um prazo médio de estocagem de 12,64 e 14,47 dias nos períodos T1 e T2.

Pode-se também calcular o giro dos estoques pela fórmula apresentada pelos professores Alexendre Assaf Neto & César Augusto Tibúrcio Silva:

Fórmula:

$$Giro = \frac{360}{PME}[6]$$

---

[6] Alexandre Assaf Neto & César Augusto Tibúrcio Silva (1.997), pg. 191.

$$\text{Giro } (T1) = \frac{360}{12,64} = 28,48 \text{ vezes}$$

$$\text{Giro } (T2) = \frac{360}{14,47} = 24,88 \text{ vezes}$$

Portanto, o giro de estoques da empresa diminui de 28,48 vezes para 24,88 vezes.

Essa é uma análise que envolve a política de estocagem, efetuada através dos demonstrativos contábeis, focalizando-se no cálculo do prazo de estocagem e/ou giro de estoques. Não se faz relação alguma com o fluxo de caixa, com ciclo operacional ou a necessidade de capital de giro, embora nós saibamos que o giro dos estoques tem relação direta com as necessidades de capital de giro.

O que é importante observar é que, quando o número de vezes do giro de estoques aumenta, diminui os dias para os estoques girarem: estoque girando em menos dias, o capital de giro necessário é menor, visto que retorna ao início do ciclo mais rapidamente.

Resumo

Para se trabalhar com capital de giro de uma empresa comercial é muito importante um conhecimento básico sobre contabilidade geral.

No cálculo das necessidades líquidas de capital de giro, nós reclassificamos o balanço distribuindo o ativo circulante em dois grupos, e o passivo circulante também em dois grupos.

As fontes de capital de giro são próprias e de terceiros. Próprias quando a aplicação de recursos são maiores que as fontes. De terceiros quando as aplicações de recursos são menores que as fontes.

Os indicadores de liquidez mostram a capacidade de pagamento da empresa.

O fluxo de caixa é importante na elaboração para verificar a relação de entradas e saídas de recursos num determinado período de tempo.

Valores a receber – são direitos que a empresa tem a receber de terceiros, ou seja, bens da empresa que estão na posse de terceiros.

Política de estoques – são as características da empresa na administração dos estoques.

Capital de giro na Empresa Industrial

Quando conhecemos nossas necessidades andamos meio caminho em busca dos recursos.

Berti

3. Capital de Giro na Empresa Industrial

O capital de giro da empresa industrial está ligado diretamente com os custos desta; para facilitar a compreensão citamos o embasamento teórico relativo a custos, conforme demonstramos a seguir:

3.1 CUSTOS

3.1.1 Conceito

Custo é o consumo de bens e serviços, empregados na produção de outros bens e serviços. Consumo esse representado pela entrega ou promessa de entrega de ativos.

Segundo o professor **Eliseu Martins,** *Custo é o gasto relativo a bem ou serviço utilizado na produção de outros bens ou serviços.*

Gasto é o sacrifício financeiro com que a entidade arca para obtenção de um produto ou serviço qualquer, sacrifício esse representado por entrega ou promessa de entrega de ativos.[7]

Segundo **Olivio Koliver**, *como custo entende-se a soma de valores, de bens e serviços consumidos e aplicados para obter um novo bem ou um novo serviço.*[8] *Há, por outro lado, quem considere e mesmo denomine custos como despesas, aplicações ou consumo.*

*Segundo **Nilson Holanda** custo é todo e qualquer sacrifício feito para produzir determinado bem, desde que seja possível atribuir um valor monetário a esse sacrifício.*[9]

Segundo **George S.G. Leone** *custo é o consumo de um fator de produção, medido em termos monetários para a obtenção de um produto, de um serviço, ou de uma atividade que poderá ou não gerar renda.*[10]

---

[7] *Eliseu Martins (1.990) Contabilidade de Custos, Pg. 24.*

[8] *Olivio Koliver (1.974), Vl.3.*

[9] *Nilson Holanda (1.975) Planejamento e Projetos, Pg. 225.*

[10] *George S.G. Leone (1.991), Pg. 50.*

3.1.2 Classificação dos Custos.

1 - Origem Geral;
2 - Agente Consumidor;
3 - Funções;
4 - Forma de imputação ao produto;
5 - Espécie;
6 - Grau de ocupação da empresa;
7 - Posicionamento na contabilidade financeira.

Essa classificação não é a única e, ressaltamos, são típicas de determinados sistemas contábeis e, para melhor compreensão, detalhamos:

1 – Origem Geral
– Custos do trabalho humano;
– Custos de materiais utilizados;
– Custos Tributários;
– Custos com depreciações;
– Outros.

2 – Agente Consumidor
– Custos seccionais;
– Custos dos centros de custos;
– Custos dos produtos;
– Outros.

3 – Funções
– Custos de fabricação;
– Custos de administração;
– Custos de vendas;
– Custos com propaganda e publicidade;
– Outros.

4 – Forma de imputação ao produto
– Custos diretos;
– Custos indiretos.

5 – Espécie
- Custos com mão-de-obra;
- Custos com materiais;
- Custos com a previdência social;
- Custos com combustíveis;
- Custos com serviços de terceiros;
- Custos com comissões;
- Custos com portes e telegramas;
- Outros.

6 – Grau de ocupação da empresa
- Custos fixos;
- Custos variáveis;
- Custos progressivos;
- Custos degressivos;
- Custos constantes.

7 – Posicionamento na contabilidade financeira
- Custos registrados na contabilidade financeira;
- Custos calculatórios.

Esta é mais uma classificação, e não a única, conforme citamos. Poderá ser entendida e detalhada em função da empresa ou do analista de custos, ao implantar um sistema de custeamento.

O que nos interessa de perto, na realidade, é conhecer os custos, quanto às relações com o grau de sua ocupação na empresa.

Florentino, por seu turno, parte dos componentes básicos do custo:

- Valor das matérias-primas adquiridas de outras empresas;
- Valor dos serviços (trabalho) prestados por pessoas físicas (operários, empregados);
- Valor dos serviços prestados por outras empresas (força, luz, transporte, seguros, bancos etc.);

Para resumir sua classificação, dada a simplicidade com que aborda o problema e partindo da matéria-prima, mão-de-obra e gastos gerais, os custos são por ele classificados em:

- Diretos;

– Indiretos;
– Fixos;
– Variáveis.

Custos Diretos
– São os que podem ser imediatamente apropriados a um só produto ou a um só serviço.

Custos Indiretos
– São os que dependem de cálculos, rateios e estimativas, para serem divididos e apropriados em diferentes produtos ou diferentes serviços.

Custos Fixos
– São os valores consumidos ou aplicados, independentemente do fato de estar ou não a empresa produzindo, ou de estar produzindo maior ou menor quantidade de bens e serviços.

Custos Variáveis
– São os que variam proporcionalmente com a produção e/ou com as vendas. São, pois, valores aplicados que têm o seu acréscimo dependendo do volume produzido e/ou vendido.

Como já frisamos, são muitas as classificações de custos, mas para efeito gerencial uma classificação também importante é a do professor George S.G. Leone,[11] que assim os classifica:

a) Custos definidos em relação ao objeto que está sendo estudado:
– Custos diretos e indiretos;
– Custos imputados;
– Custos próprios;
– Custos rateados (sinônimos: custos agregados e alocados);
– Custos comuns (sinônimo: custos conjuntos).

b) Custos definidos em relação ao controle das operações:
– Custos controláveis e não controláveis;
– Custos funcionais (sinônimos: custos operacionais, custos administrativos, custos estruturais, custos de apoio, custos comerciais e custos financeiros);
– Custos estimados;
– Custos-padrão.

---

[11] George S.G. Leone ob.cit, Pg. 53.

c) Custos definidos em relação ao período de aplicação:
– Custos inventariáveis (sinônimos: aplicados, capitalizáveis e ativados);
– Custos periódicos;
– Custos históricos (sinônimos: reais, registrados, contabilizados).

d) Custos definidos em relação à determinação da realidade e avaliação do patrimônio:
– Custo primário;
– Custo por natureza (exemplo: materiais, mão-de-obra, gerais etc.);
– Custo fabril ou de fabricação;
– Custo de transformação ou de conversão;
– Custos de mercadorias fabricadas;
– Custos de mercadorias vendidas;
– Custos totais;
– Custos unitários.

e) Custos definidos em relação ao comportamento:
– Custos fixos;
– Custos variáveis;
– Custos semivariáveis;
– Custos por degraus.

f) Custos definidos em relação à tomada de decisões:
– Custos incrementais;
– Custos de oportunidade;
– Custos estáveis e não estáveis;
– Custos relevantes;
– Custos empatados.

g) Outros custos.
Bierman e Dickman, da escola moderna de custos (que se baseia em métodos quantitativos) classificam os custos de modo diferente:
– De acordo com o seu comportamento diante do volume de atividade: fixos ou variáveis.
– Quanto à responsabilidade: fábrica, departamento, processo, centro de custos onde ele (item de custo) foi realizado.
– Quanto ao produto ou serviço.
– Quanto à habilidade de identificação do custo: direto e indireto.
– Quanto à sua natureza: materiais, mão-de-obra, impostos etc.

– Quanto à sua função: fabris, administrativos, comerciais.

– Quanto a uma decisão particular: custos conjuntos, custos comuns, custos de oportunidades, custos inevitáveis etc.

Para efeito de tomada de decisões, ou seja, para auxiliar a administração empresarial, a classificação que melhor se adapta, na nossa concepção, é a que tem os custos definidos em relação ao comportamento:

– Pela relação custo-volume-lucro: custos fixos, custos variáveis.

– Pela análise dos custos por unidade de custeio: custo por departamento, por produto, por centro de custos.

– Pela análise dos custos por produto: custos primários, custos indiretos e custos diretos.

– Pelo seu controle: custos controláveis e não controláveis.

– Pela aplicação a decisões: custos incrementais, custos empatados, custos de oportunidade.[12]

3.1.3 Sistemas de custeamento

Uma empresa para produzir e vender seus produtos incorrerá, necessariamente, em um conjunto de custos. Esses custos equivalem à remuneração dos fatores utilizados pela empresa. De fato, para produzir e vender, a empresa utiliza:

– Recursos Financeiros;

– Mão-de-obra;

– Bens de capital;

– Matérias-primas;

– Outros insumos.

Os custos são, justamente, os valores monetários que a empresa tem de pagar pela utilização desses elementos, indispensáveis às suas atividades de produção e vendas. É evidente que, enquanto a empresa se utilizar dos fatores de produção, de vendas e custos, deverá pagá-los. Vale isto dizer que durante toda a sua existência ela incorrerá em custos. Daí a importância que se deu ao estudo do custo, seu comportamento e sua sistematização.

---

[12] Bierman & Dyekman (1.952), Pg. 5.

Os especialistas, em função de cada empresa e de cada aparelho produtivo, agrupam as maneiras de se custear os produtos em três grandes sistemas:

– Custeamento por ordem de produção;

– Custeamento por processo;

– Custeamento baseado em atividades (ABC).

3.1.3.1. Custeamento por ordem de produção

É o sistema de custos que acumula e registra dados de operações das fábricas que trabalham sob regime de encomenda.

Numa fábrica que produz produtos (ou serviços) por encomenda, o trabalho começa com o pedido do cliente. A empresa faz um orçamento do serviço ou do produto para discussão com o cliente.

Apurado o orçamento, a gerência autoriza a fábrica a produzir o produto, isto é, a gerência emite uma ordem para produzir. A ordem de produção deverá conter todos os dados da produção. À unidade industrial caberá a realização do planejamento da produção e do controle dessa produção.

Os fatores de produção são adquiridos especialmente para essa produção. O consumo desses fatores produtivos é controlado individualmente, isto é, sabe-se perfeitamente o que está sendo consumido, por quem e com que finalidade.

3.1.3.2. Custeamento por processo

É um sistema de custear produto onde os custos são inicialmente classificados por natureza e depois compilados por processos específicos e todos os custos são distribuídos às unidades produzidas por esses processos específicos. A soma dos custos unitários de todos os processos diferentes, através dos quais os produtos passam na jornada de fabricação, é o custo do produto.

O custeamento por processo apresenta algumas características, específicas do sistema, conforme demonstramos a seguir:

– A acumulação dos custos é feita por departamentos ou processos e, às vezes, de acordo com operações particulares dentro de um ou outro departamento ou processo.

– Cada unidade produzida demanda a mesma quantidade de recursos produtivos; por conseguinte, o sistema de custos deverá debitar a cada uma delas os mesmos montantes de material direto, mão-de-obra direta e de despesas diretas de fabricação.

– Há uma padronização completa do produto e dos processos produtivos.

– A acumulação dos custos é feita de acordo com os períodos de tempo, normalmente de um mês.

– O sistema acumula, finalmente, por períodos de tempo e por departamentos ou processos, dados físicos, quantitativos que se destinam ao cálculo de custos unitários, à formação de indicadores de controle e de desempenho e ao estabelecimento dos custos padronizados.

– Uma vez que os produtos e os processos são padronizados, é mais fácil articular os custos-padrão ao sistema de custos por processo.

– Entre os sistemas de custeamento, os produtos poderão ser custeados em função do interesse da empresa e se basearão em um dos métodos abaixo:

a) Custos por absorção;

b) Custos diretos;

c) Custos padrão;

d) Custos por ordens.

3.1.3.2.1. Custos por Absorção

Para se trabalhar com custeamento por absorção, faz-se necessária a utilização de planilhas ou mapas de localização de custos (MLC).

Materialmente, o mapa de localização de custos (MLC) se apresenta sob a forma de um mapa, ou planilha, de dimensões variáveis e de acordo com os centros de custos e chaves de rateio e, em especial, de acordo com cada empresa.

No mapa ou planilha as espécies de custos são locadas nas linhas e os centros de custos nas colunas.

Neste mapa são registrados todos os custos operacionais, administrativos diretos e indiretos, relativos à produção e às vendas, ocorridas em um determinado período. O registro é efetuado de acordo com a natureza do custo (espécie) e o local onde ocorre (centro de custo). Os custos diretos com a matéria-prima e os custos diretos com as vendas são incluídos na planilha.

Há, porém, a possibilidade de lançá-los em campo à parte, obtendo-se, então, um panorama global dos custos ocorridos durante o período, com as matérias-primas e com as vendas, desde que sejam eles altamente significativos, estabelecendo-se as relações a que se pretende.

As fontes principais de dados para o preenchimento dos mapas são:

— Folha de pagamento, classificada por centro de custos ou, ainda, boletins de mão-de-obra;

— Tabelas de registros das quotas de depreciação do centro de custo;

— Controle de estoque – dados relativos aos insumos auxiliares;

— Contabilidade financeira – é a fonte mais ponderável de dados para o mapa de localização de custos. Assim, ela nos fornece os valores referentes aos impostos, seguros, custos bancários, viagens, representações, telegramas, serviços etc.

3.1.3.2.2. Centro de Custos

A caracterização dos centros de custos é uma das primeiras atividades para a implantação do método de custeamento por absorção, e o conseqüente desenho do mapa.

Os centros de custos podem ser caracterizados de diversas maneiras, como, por exemplo:

— Locais físicos (salas pavilhões, repartições, prédios etc.).

— Agrupamento de atividades afins (estampagem, pintura, galvanização, e outras).

— Tipos semelhantes de maquinária (tornos fresadeiras) ou uma só (torno revólver, furadeira radial, secador contínuo de lâminas etc.).

— Áreas de responsabilidade, e outras.

Após identificados, os centros de custos recebem uma denominação e/ou um código destinado a facilitar o processo de apropriação dos custos gerados em cada centro. A atenção do analista deve estar voltada para a flexibilidade dessa identificação, para que, ocorrendo qualquer alteração no equipamento, prédio ou processo produtivo, possa ela ser, de imediato, readequada às suas finalidades.

Os centros de custos são classificados em:

– Centros Produtivos.

Aqueles cujas atividades internas estejam voltadas notadamente para a produção de bens e serviços.

– Centros Auxiliares.

São os destinados à prestação de serviços ou apoio aos centros produtivos, tais como o almoxarifado, casa de força, casa de compressores, caldeiras etc.

– Centros Administrativos.

Com características gerais de centros auxiliares, porém, com a atividade primordial de reunir os custos relativos às funções administrativas de ordem geral. Via de regra, esses custos não possuem relação direta com a produção.

– Centros de Vendas.

Como o próprio nome indica, são os centros geradores de custos ligados às atividades relativas às vendas.

3.1.3.2.3. Custeamento por Ordem

O Custeamento por Ordem de Fabricação se diferencia dos outros métodos por uma série de fatores, que passamos a mencionar:

– Identificação.

Identifica a produção de lotes diferentes de produtos durante o processo de produção.

–Acumulação.

A ordem de fabricação acumula os valores correspondentes ao material direto, mão-de-obra direta, despesas gerais de fabricação. Estas últimas, via de regra, são rateadas, através de uma taxa de absorção.

– Inventário.

Para se saber o custo real de fabricação do produto deve-se aguardar o término da produção, ou o fechamento da ordem. É necessário, pois, um inventário físico quando se queira a qualquer momento, saber o custo real do produto.

– Independência.

O sistema é independente da contabilidade. A apuração periódica dos custos é feita em função de necessidades emergentes. Não é, a rigor, planejada em termos de datas.

– Inclusão.

Os custos estão sempre incluídos nas ordens de fabricação, o que vale dizer: enquanto esta perdurar, aqueles passam a compor o inventário de produtos em processamento.

– Intermitência.

O custeamento por ordem de fabricação é usado pelas empresas cuja produção é intermitente e cujos produtos ou lotes de produtos podem ser identificados no processo produtivo. Isso ocorre nas produções não padronizadas e não repetitivas.

– Dispêndio.

O sistema é bastante oneroso, porque exige considerável trabalho burocrático, para o registro das ordens de produção. A grande utilidade desse sistema é a utilização dos dados para elaboração de orçamentos.

Há uma variedade enorme de Ordens de Produção e, como tal, também são entendidas Ordens de Pesquisa, Ordens de Melhoria, Ordem de Aplicação, Ordem de Estudos Especiais e outras.

Porém as mais usadas são:

– Ordem de Produção.

É aquela destinada a autorizar a fabricação de produtos normais das linhas de produção da empresa. Nela serão anotadas todas as informações referentes a essa fabricação.

– Ordem de Serviço.

Da mesma forma que a ordem de fabricação, aqui são lançadas todas as informações e dados relativos ao serviço prestado. É utilizada pelas empresas prestadoras de serviços e destina-se, primordialmente, ao estabelecimento das etapas de trabalho a ser executado.

– Ordem de Reparo.

Esta ordem em sua totalidade é de uso da própria empresa, destinada ao setor de reparos e manutenção. Nela serão anotados os dados referentes aos reparos ou manutenção do equipamento, das instalações ou do prédio da empresa, acumulando-se os custos efetuados.

Ordem de Obras.

– São as utilizadas quando a empresa executa suas próprias obras, seus equipamentos ou suas instalações. A abertura da ordem de obras, implicitamente, autoriza a sua realização e todos os gastos, dispêndios, materiais e despesas gerais são nela lançados. Os custos acumulados levarão a um valor final que será lançado no grupo Ativo Imobilizado, à conta respectiva.

George Leone aponta as seguintes vantagens e desvantagens desse sistema:[13]

Vantagens.

– Permite que o administrador identifique os produtos que dão maior ou menor margem de lucro;

– Os custos de uma ordem são, via de regra, ligeiramente diferentes de outra para produtos do mesmo tipo, ou pouquíssimo diferenciados, o que serve de base à estimativa de futuros pedidos;

– A administração passa a controlar de forma mais direta e mais imediata sem se apoiar em um inventário físico;

– É normal nas encomendas de alto valor a empresa receber do cliente, por antecipação, substancial parcela em dinheiro. À medida que o processo produtivo vai se desenvolvendo, é, também, comum que novas parcelas sejam pagas. Os custos acumulados em cada ordem de fabricação, até um determinado estágio da produção, podem servir de base para o estabelecimento de valores a serem cobrados do cliente.

Desvantagens.

As despesas burocráticas são elevadas, em razão do volume de dados e do pessoal necessário;

Os custos acumulados na ordem de fabricação são históricos, vindo a administração a conhecê-los, após o fechamento da ordem, quando do término da produção. Exceção é feita quanto às despesas gerais de fabricação.

3.1.3.3. Custeamento Direto

O que basicamente diferencia o custeamento direto do custeamento por absorção, é o tratamento dado aos custos fixos. Enquanto no

---

[13] George S.G.Leone ob. cit.

custeamento por absorção os custos fixos são rateados aos produtos ou serviços, mediante normas apropriadas ou chaves de rateio, no custeamento direto, os custos fixos não são rateados e nem distribuídos aos produtos ou serviços, mas levados diretamente à conta de lucros e perdas.

Dessa forma, no método de custeamento direto distinguimos os custos, ao reuni-los em dois grupos:

– Custos variáveis do produto.

Dependem do volume de produção ou venda, variando proporcionalmente em função dessa produção ou venda.

O custo variável varia proporcionalmente à produção, quando analisada em termos globais, visto que unitariamente o custo é fixo.

– Custos periódicos.

Os custos independem do volume da produção ou vendas, mas são resultantes da capacidade operativa da empresa. Esse aparelho produtivo sempre está à disposição da empresa, resultando gerar continuamente custos. Por isso eles são chamados de fixos.

Da mesma forma que o custo variável, o fixo só pode ser assim analisado em termos globais, visto que unitariamente varia em função da produção.

Somente os primeiros – custos variáveis são atribuídos ao produto para se conhecer a margem de contribuição, enquanto que os custos fixos são lançados diretamente contra o resultado no período em que ocorrem ou a que competem.

Ao contrário do que acontece com o método de custeamento por absorção, o custeamento direto não se preocupa em obter o custo unitário total de cada produto, muito embora isto seja factível, como também por linha de produtos. Esse sistema não adota a técnica de se ratearem os custos fixos, considerando-os como perfeitamente relacionados à estrutura da empresa e não a cada produto em particular.

O que realmente merece enfoque especial são os custos variáveis por unidade produzida. A análise dos custos por produto, por linha de produto ou para a empresa como um todo, é realizada a partir dessa parcela de custo.

Isto facilita enormemente a operacionalidade do sistema, atendendo a quase totalidade das necessidades de análise, com maior nível de segurança, do que o resultado obtido pelo sistema de custeamento por absorção.

A operação do sistema de custo direto envolve as seguintes etapas:

— Apuração dos custos diretos variáveis por produto;

— Computação dos custos fixos da empresa;

— Apuração dos custos variáveis indiretos;

— Identificação dos custos variáveis indiretos por produto;

— Soma dos custos variáveis diretos e indiretos, por produto;

— Cálculo da margem de contribuição (preço de vendas menos custo variável) por produto;

— Comparação entre a soma das diferenças calculadas na etapa anterior e os custos fixos da empresa.

Os custos fixos, também chamados de periódicos, são regulares e programados. Toda vez que possível seja identificar o custo por produto, regular ou programado, deve o mesmo ser subtraído da margem de contribuição. Os custos periódicos não identificáveis do produto são considerados como do conjunto, deverão ser abatidos da margem de contribuição global, para obtenção do resultado total.

Embora trabalhando-se apenas com os custos variáveis e o preço de venda por produto, e conhecidos os custos totais da empresa, pode-se obter dados para:

— determinação do preço de venda;

— excluir um produto de uma linha de produção da fabricação normal da empresa;

— avaliar o volume de vendas necessário para a realização do lucro líquido desejado;

— decidir se fabricar ou comprar partes ou componentes do produto;

— manter o lucro com a redução do preço de venda e um conseqüente aumento da quantidade vendida;

— saber até que ponto poderá ser reduzido o volume de vendas, sem que a empresa passe a ter prejuízos com esse produto;

— saber qual o volume de vendas que compensa à empresa realizar gastos adicionais com propaganda e promoção, de um ou mais produtos;

— tomar decisões, quer estratégicas, quer táticas, com a mudança de objetivos e/ou políticas da empresa.

3.1.3.4. Custeamento Baseado em Atividades (ABC)

O custeamento baseado em atividades (ABC) tem como razão principal o tratamento dado aos custos indiretos, procurando dar uma melhor alocação aos mesmos.

É uma metodologia de custeio que procura reduzir as distorções provocadas pelo rateio arbitrário dos custos indiretos.

O ABC é uma ferramenta que permite melhor visualização dos custos através da análise das atividades executadas dentro da empresa e suas relações com os produtos.[14]

Uma função importante do ABC é sua utilização como técnica de apoio gerencial.

Identificação das atividades relevantes

Ao se trabalhar com o sistema ABC, uma tarefa importante é a definição das atividades, ou identificação das atividades relevantes.

Uma atividade é uma combinação de recursos humanos, materiais, tecnológicos e financeiro para se produzirem bens ou serviços. É composta por um conjunto de tarefas necessárias ao seu desempenho. As atividades são necessárias para a concretização de um processo, que é uma cadeia de atividades correlatas, inter-relacionadas.[15]

Exemplo de atividades relevantes dos departamentos:

Departamento	Atividades
– Compras	– Compra de materiais – Desenvolver Fornecedores
– Almoxarife	– Receber meteriais – Movimentar materiais
– Administração da produção	– Programar produção – Controlar produção
– Corte e Costura	– Cortar – Costurar
– Acabamento	– Acabar – Despachar produto

---

[14] *Martins, Eliseu (1.998), Pg. 112.*
[15] *Martins, Eliseu (1.998), Pg. 100.*

É importante observar que para cada atividade deveremos atribuir o respectivo custo, e um direcionador.

Exemplo de custo de atividades:

– custo de remuneração = salários + encargos + benefícios;

– custo do uso das instalações = aluguel + imposto predial + água + luz;

– custo de comunicação = telefone + fax + correio;

– custo de viagens = passagens + locomoção + hotel + refeições.

A primeira fonte de dados para custear as atividades é a razão geral da empresa. Outra maneira de identificar os custos das atividades é através de entrevistas junto aos responsáveis pelos departamentos.

A atribuição de custos às atividades deve ser feita de forma mais criteriosa possível, de acordo com a seguinte ordem:

1 - alocação direta;

2 - rastreamento;

3 - rateio.

A alocação direta se faz quando a identificação está clara, direta e objetiva. Por exemplo, com depreciação de uma máquina, é facil de identificar a atividade.

O rastreamento é uma alocação com base na identificação da relação de causa e efeito entre a ocorrência da atividade e a geração dos custos. Essa relação é expressa através de direcionadores de custos.

Exemplo de direcionadores:

– número de empregados;

– área ocupada;

– tempo de mão-de-obra (hora-homem).

O rateio é usado apenas quando não há possibilidade de utilizar nem a alocação direta nem o rastreamento.

O ABC é, na realidade, uma ferramenta de gestão de custos, muito mais do que de custeio de produto.

O ABC visa basicamente a análise dos custos sob duas visões:

a) a visão econômica de custeio, que é uma visão vertical, no sentido de que apropria os custos aos objetos de custeio através das atividades realizadas em cada departamento;

b) a visão de aperfeiçoamento de processos, que é uma visão horizontal, no sentido de que capta os custos dos processos através das atividades realizadas nos vários departamentos funcionais.

> **Resumo**
>
> Custo é o consumo de bens e serviços na produção de outros bens e serviços.
>
> O custo exerce um papel importante no cálculo do capital de giro da indústria e auxilia o administrador na tomada de decisão.
>
> Os sistemas de custeamento são: (1) por ordem de produção, onde os custos são calculados em função da ordem e são acumulativos; (2) por processo – onde são calculados por departamentos ou processos e rateados de acordo com um dos critérios: a) por absorção, b) diretos, c) padrão, d) por ordem; (3) custeamento baseado em atividades (ABC).
>
> Entre os sistemas, o mais importante para o cálculo do capital de giro é o custeamento direto, visto que esse sistema classifica os custos em fixos e variáveis.

3.2. NECESSIDADES DE CAPITAL DE GIRO

Para calcular as necessidades de capital de giro de uma determinada indústria, faz-se necessário um estudo detalhado das características inerentes a esta, tais como:

a) Administração – pessoal que administra, política adotada, sua estrutura física no setor administrativo, estrutura de receitas e custos etc.

b) Produção – capacidade instalada no setor produtivo (máquinas, equipamentos, espaço físico destinado à produção e estocagem, pessoal etc.).

c) Comercialização – Meios de distribuição do produto acabado, mercado consumidor (áreas de atuação), política de vendas etc.

d) Financeiro – Forma de pagamento da compra de materiais, política de vendas e recebimentos, fontes de recursos (próprios e terceiros) etc.

Após o estudo detalhado dos setores acima citados, elabora-se um planejamento operacional da empresa para um determinado período, que pode ser: mensal, semestral ou anual. Nesse planejamento elabora-se um demonstrativo de receitas e custos para o período, que enfoca o resultado previsto para a empresa e, partindo do demonstrativo, elabora-se o quadro das necessidades de capital de giro.

3.2.1. Resumo de Receitas e Custos - base semestral

Exemplo de um resumo de receitas e custos (base semestral)

Discriminação	Mensal em R$	trimest. em R$.
1. Receita Total	371.700,00	1.115.100,00
– Produto A	99.000,00	297.000,00
– Produto B	148.800,00	446.400,00
– Produto C	123.900,00	371.700,00
2. Custo Total	290.688,12	872.064,36
2.1 Custo Fixo	58.483,40	175.450,20
– Mão-de-obra Indireta	22.000,00	66.000,00
– Encargos Sociais s/M.O.I.	13.200,00	39.600,00
– Pró-Labore	14.000,00	42.000,00
– Encargos Sociais s/P.L.	1.400,00	4.200,00
– Despesas Administrativas	1.100,00	3.300,00
– Despesas com telefone	800,00	2.400,00
– Despesas com luz	300,00	900,00
– Despesas com água	280,00	840,00
– Honorários técnicos	1.400,00	4.200,00
– Depreciação	2.300,00	6.900,00
– Outras despesas	1.703,40	5.110,20
2.2 Custo Variável	232.204,72	696.614,16
– Matéria-prima produto A	21.600,00	64.800,00
– Matéria-prima produto B	44.640,00	133.920,00
– Matéria-prima produto C	38.940,00	116.820,00
– Material secundário produto A	8.100,00	24.300,00
– Material secundário produto B	12.400,00	37.200,00
– Material secundário produto C	12.390,00	37.170,00
– Material de consumo	170,00	510,00
– Mão-de-obra direta	14.620,00	43.860,00
– Engargos sociais s/m.o.d.	9.503,00	28.509,00
– Despesas com Luz	451,52	1.354,56
– ICMS	44.231,60	132.694,80
– PIS	2.416,05	7.248,15
– Cofins	7.434,00	22.302,00
– Comissões sobre vendas	11.151,00	33.453,00
– Publicidade e Propaganda	1.858,50	5.575,50
– Outros custos	2.299,05	6.897,15
3. Lucro operacional	81.011,88	243.035,64
4. Contribuição Social	7.777,14	23.331,42
5. Provisão para imposto de renda P.J	10.985,21	32.955,63
6. Lucro Líquido	62.249,53	186.748,59

Base de Cálculo do Resumo de Receitas e Custos

1. Receita Total

Para se definir a receita da empresa é necessário inicialmente efetuar-se um estudo de mercado[16], para saber o volume de produtos e quantidades que a empresa pode comercializar e, então, definir o volume ideal para a empresa atingir com a produção e as vendas; e também no próprio estudo de mercado pode-se identificar o preço de venda de cada produto, para posteriormente elaborar-se a receita total, multiplicando a produção de cada produto pelo preço de venda e em seguida somando todos os produtos.

Exemplo:
Produto A = 4.500 unid. x R$ 22,00 = R$ 99.000,00
Produto B = 6.200 unid. x R$ 24,00 = R$ 148.800,00
Produto C = 5.900 unid. x R$ 21,00 = R$ 123.900,00
Receita Total.................................. = R$ 371.700,00

2. Custo Total

Para encontrar-se o custo total, faz-se a soma do custo fixo e do custo variável.

2.1 Custo Fixo

— Mão-de-obra indireta — através do departamento de pessoal da empresa verifica-se o valor total da mão-de-obra indireta.

— Encargos sociais sobre M.O.I. — os encargos sociais dependem bastante da empresa, em função da rotatividade de pessoal; mas, em termos gerais, podemos considerar uma média de 60% sobre m.o.i.

— Pró-Labore — a retirada dos diretores e proprietários depende de cada empresa e é preciso verificar no setor contábil qual é o valor total da retirada.

— Encargos sociais sobre P.L. — os encargos sociais sobre a retirada é o valor que a empresa recolhe ao INSS, deduzindo desse valor o montante que cabe aos diretores; o percentual que cabe à empresa varia em função do valor, mas a média é de 10%.

---

[16] O estudo de mercado está no capítulo 6 adiante.

– Despesas administrativas – são os valores que a empresa gasta com pequenas despesas na área administrativa, tais como impressos, despesas com vales-transporte, combustíveis etc.; essas despesas nós identificamos através da contabilidade e, para efeito de projeção, usa-se sempre um valor médio.

– Despesas com telefone – são os valores que a empresa gasta com pagamento da conta de telefone, e nós identificamos no setor contábil, e para efeito de projeção usa-se sempre um valor médio.

– Despesas com luz – as despesas com luz, que consideramos como custo fixo, são os valores gastos com a conta de luz da área administrativa.

– Despesas com água – da mesma forma que as despesas com luz, as despesas com água, que consideramos como sendo custo fixo, são as despesas da área administrativa.

– Honorários Técnicos – as despesas com honorários técnicos são consideradas, quando se tem certeza de sua existência; é o caso de a empresa ter contrato com alguém para prestar esse tipo de serviço.

– Depreciação – é um custo que a empresa tem em virtude da desvalorização que um bem sofre em função do seu uso e do seu tempo; é calculado um percentual sobre o valor do bem, e nós consideramos os percentuais utilizados pela Receita Federal. Exemplo: um veículo cujo valor é de R$ 12.000,00; a receita permite que se deprecie 20% sobre veículos; nesse caso a depreciação é R$ 12.000,00 x 20% = 2.400,00.

– Outras despesas – normalmente nós consideramos um percentual (3%) sobre os demais custos fixos para efeito de possíveis despesas não previstas.

> **Observação:**
>
> Os custos fixos dependem de cada empresa e deve-se efetuar um estudo das peculiaridades da empresa para posteriormente classificá-los como tal.

2.2 Custos variáveis

Para se calcular os custos variáveis de uma indústria é necessário que o técnico conheça seu processo produtivo visando identificar os componentes consumidos e seu custo na transformação dos materiais em produto acabado.

– Matéria-prima – sabendo-se o consumo de matéria-prima por unidade produzida e também o custo, fica fácil identificar o custo total: é só multiplicar a produção programada no mês pela quantidade de consumo por unidade e em seguida multiplicar pelo custo unitário e encontramos o custo total do mês.

Exemplo:

Produto A = 4.500 unid. x 400g = 1.800 kg x R$ 12,00 = R$ 21.600,00
Produto B = 6.200 unid. x 600g = 3.720 kg x R$ 12,00 = R$ 44.640,00
Produto C = 5.900 unid. x 550g = 3.245 kg x R$ 12,00 = R$ 38.940,00
Total da matéria-prima .... = R$105.180,00

Matéria-prima – em nosso entendimento entende-se como matéria-prima os componentes básicos da produção de um produto, por exemplo na fabricação de uma mesa de madeira, a madeira é a materia-prima principal, já a tinta é um material secundário.

– Material secundário – da mesma forma que da matéria-prima, faz-se o cálculo do material secundário, ou seja, produção prevista multiplicada pelo consumo e depois pelo custo unitário e encontramos o custo total.

Exemplo:
Produto A = 4.500 unid. x R$ 1,80 por unid. = R$ 8.100,00
Produto B = 6.200 unid. x R$ 2,00 por unid. = R$ 12.400,00
Produto C = 5.900 unid. x R$ 2,10 por unid. = R$ 12.390,00
Total do mat. secundário .... = R$ 32.890,00

– Material de consumo – dependendo das características do maquinário da empresa, pode-se ou não ter peças que a cada período de determinado tempo precisam ser trocadas. Digamos que as máquinas A e B têm uma peça que, a cada mês de uso, precisa ser trocada.

Exemplo:
Máquina A uma peça y x R$ 80,00 = R$ 80,00
Máquina B uma peça z x R$ 90,00 = R$ 90,00
Total... = R$ 170,00

– Mão-de-obra direta – no cálculo do custo com mão-de-obra direta, o primeiro passo é levantar o quadro de pessoal necessário para o setor produtivo, assim como o salário médio dos funcionários.

Exemplo:

Setor	Nº de pessoas	Sal.médio	Total
– Almoxarifado	02	350,00	500,00
– Operador de máquina	06	600,00	3.600,00
– Auxiliar de Produção	24	250,00	6.000,00
– Setor de acabamento	12	250,00	3.000,00
– Aux.serv.gerais	<u>08</u>	190,00	<u>1.520,00</u>
Total	52	-	14.620,00

– Encargos sociais s/m.o.d. – calcula-se um percentual sobre a mão-de-obra direta que é o custo da empresa com encargos de INSS, FGTS, férias, décimo terceiro salário, encargos que ocorrem com demissão de funcionários etc.

Exemplo:

R$ 14.620,00 x 65% = R$ 9.503,00

– Despesas com Luz – no cálculo das despesas com luz, levanta-se a capacidade instalada em HP, com máquinas e equipamentos; em seguida transforma-se em kwh, multiplica-se pelo número de horas de trabalho/mês, multiplica-se pelo percentual de utilização e, em seguida, pelo custo de cada kwh.

Exemplo:

– Máquina A = 4 hp
– Máquina B = 6 hp
– Máquina C = 4 hp
– Máquina D = 8 hp
– Máquina E = 6 hp
– Máquina F = <u>2 hp</u>

Total .... 30 hp x 0,75 = 22,5 kwh x 8 horas dia = 180 kwh dia x 70% x 22 dias/mês = 2.772kwh/mês + 50 kwh de iluminação = 2.822 kwh/mês 2.822 kwh/mês x R$ 0,16 = R$ 451,52

– ICMS – para calcular o custo da despesa com ICMS é preciso saber a origem da matéria-prima e o destino do produto acabado.

A informação da origem da matéria-prima e o destino dos produtos acabados têm como razão a identificação da alíquota a ser aplicada no cálculo do ICMS.

Exemplo:
Débito de ICMS
– Vendas dentro do Estado R$ 185.850,00 x 17% = R$ 31.594,50
– Vendas fora do Estado R$ 185.850,00 x 12% = R$ 22.302,00
Débito total de ICMS .... = R$ 53.896,50
Crédito de ICMS
– Mat.-prima + mat. secund. R$ 138.070,00 x 7% = R$ 9.664,90
ICMS a recolher (débito - crédito)
R$ 53.896,50 - 9.664,90 = R$ 44.231,60

– PIS – o cálculo do pis é de 0,65% sobre a receita total do mês, visto que esse é um tributo destinado ao Governo Federal.
Exemplo:
Receita = R$ 371.700,00 x 0,65% = R$ 2.416,05
– Cofins – da mesma forma que o pis, só que para esse a alíquota é 2%.
Exemplo:
Receita = R$ 371.700,00 x 2% = R$ 7.434,00

– Comissões sobre vendas – para se efetuar o cálculo de comissões, é necessário saber a política adotada pela empresa no setor comercial (vendas); cada empresa tem sua política e as comissões dependem muito do produto, do mercado etc.
Exemplo:
Digamos que a empresa em questão pague, a título de comissões, 3% sobre as vendas; o nosso cálculo seria o seguinte: R$ 371.700,00 x 3% = R$ 11.151,00.

– Publicidade e propaganda – da mesma forma que as comissões dependem da empresa, ela pode ou não ter a despesa com publicidade; algumas empresas aplicam um percentual de sua receita em publicidade.
Exemplo:
Admitamos que essa empresa destine 0,5% de sua receita para publicidade; o cálculo é: R$ 371.700,00 x 0,5% = R$ 1.858,50.

– Outros gastos – eventualmente na empresa ocorrem alguns gastos não previstos e, para que no cálculo do capital de giro necessário não seja calculado em valor inferior ao necessário, cotamos 1% dos custos variáveis, para eventuais custos.

Exemplo:

R$ 229.905,67 x 1% = R$ 2.299,05

3. Lucro operacional

– o lucro operacional é receita total menos os custos totais.

Observação:

No nosso quadro de resumo de custo e receita poderíamos ir além do que nós enfocamos, mas o que interessa são as informações para o cálculo do capital de giro necessário e elaborar o quadro até o lucro operacional é o suficiente, pois contém as informações necessárias.

3.3 NECESSIDADES ADICIONAIS DO CAPITAL DE GIRO

As necessidades adicionais do capital de giro fazem o montante de recursos que a empresa precisa para completar o seu ciclo operacional (produção e comercialização), menos os recursos que se recebem de terceiros.

Para se encontrarem as necessidades adicionais de capital de giro, faz-se necessária a elaboração de um quadro, onde a empresa apresente todas as suas necessidades, para completar o ciclo operacional, e o enfoque dos recursos que esta recebe de terceiros.

3.3.1. Quadro de necessidades de capital de giro

DISCRIMINAÇÃO	Base de Cálculo	Valor R$ 1,00
1. NECESSIDADES		
1.1 Necessidades Mínimas		
1.2 Estoq. de Matéria-Prima		
1.3 Estoq. Mat. Secundário		
1.4 Estoq. Mat. Consumo		
1.5 Estoq. Prod. em Elaboração		
1.6 Estoq. Produtos Acabados		
1.7 Financiamento às Vendas		
Total das Necessidades		
2. COBERTURAS		
2.1 Crédito de Fornecedores		
2.2 Salários a Pagar		
2.3 Impostos a Pagar		
2.4 Outros Créditos		
2.5 Nec.Adic.Capital de Giro		
Total das Coberturas		

3.3.2. Base de Cálculo das Necessidades de Capital de Giro

Para elaborar o quadro das necessidades e coberturas de capital de giro, o documento que fornece as informações necessárias ao cálculo é o resumo de custo e receita, que normalmente é elaborado para um período de tempo, que pode ser mensal, semestral ou anual, depende da empresa e do técnico que o elabora.

1.1 Necessidades Mínimas

Necessidades mínimas é um percentual que se aplica sobre as demais necessidades, com o objetivo de servir de reforço para eventuais necessidades; depende da empresa e pode ser: 3%, 5%, 8% ou 10%. O percentual mais usado é 5% sobre as demais necessidades.

R$...   x   5%   =   R$.....

1.2 Estoque de Matéria-Prima

Partindo-se do resumo de custo e receita, divide-se o estoque de matéria-prima pelo número de dias da base do resumo e multiplica-se pelo número de dias do período de estocagem.

R$....   /   dias x   dias = R$.

1.3 Estoque de Material Secundário

Da mesma forma que se calcula a matéria-prima, calculam-se também os estoques de material secundário.

R$.....   /   dias x   dias = R$.

1.4 Estoque de Material de Consumo

A forma de se calcular o estoque de material secundário é a mesma usada no cálculo de matéria-prima.

R$.....   /   dias x   dias = R$.

1.5 Estoque de Produtos em elaboração

Para se calcular o estoque de produtos em elaboração, é necessário saber o ciclo produtivo da empresa (em dias) e aplicar a seguinte fórmula:

$$EPE = CT - (Dep. + P + C + ICMS + CV + FV) / 2 /* \text{ x dias de estocagem.}$$

EPE   = estoque de produtos em elaboração
CT   = custo total
Dep. = depreciação
P   = pis
C   = cofins
ICMS = imposto circ. mercadorias serviços
CV   = comissões sobre vendas
FV   = fretes sobre vendas
*   = número de dias da base de cálculo do quadro res. custo e receita.
x   = multiplicação

1.6 Estoque de produtos acabados

Da mesma maneira que os produtos em elaboração calculam-se produtos acabados, com a seguinte fórmula:

EPA = CT - (Dep. + P + C + ICMS + CV + FV) / * x dias de estocagem

EPA = Estoque de produtos acabados

1.7 Financiamento às vendas

Também usamos para o cálculo a seguinte fórmula:

FV = CT - dep. / * x % de vendas a prazo

Ciclo Produtivo

O ciclo produtivo de uma empresa (indústria) é o período de tempo que demora para transformar as matérias-primas em produtos acabados, ou seja, da saída da matéria-prima do almoxarifado passando pelas diversas fases da produção onde é agregado mão-de-obra e insumos, até a saída final em forma de produto acabado no departamento de acabamento. Em seguida é encaminhado para a expedição.

Cada indústria tem um ciclo produtivo e esse depende das características da empresa, tais como tipo de produto a ser industrializado, máquinas e equipamentos usados na produção, mão-de-obra empregada, grau de desenvolvimento tecnológico de seus equipamentos (maior ou menor), se a forma de trabalho empregado na produção for em série contínua ou sob encomenda de acordo com as exigências do cliente etc.

Quando a empresa trabalha sob encomenda e as características dos produtos são determinadas pelos clientes, o ciclo produtivo modifica a cada produto não mantendo uma uniformidade e normalmente esse é maior do que a produção em série, devido o produto ser personalizado; por exemplo: móveis sob medida com características personalizadas pelo cliente. Outro exemplo de produto personalizado é o caso de editora de livros: para a publicação de uma obra o ciclo produtivo vai desde a leitura da obra para efetuar a correção ortográfica, diagramação etc., até a publicação da mesma.

É importante, destacarmos que cada empresa tem um ciclo produtivo e deve ser analisado, visto que, à medida que o ciclo aumenta, o capital empregado na produção também aumenta e, quanto maior for o volume de recursos empregados, maiores serão os cuidados.

2. Coberturas

No cálculo das coberturas, usamos tudo que a empresa recebe de terceiros e que contribui para o capital de giro, servindo-lhe como incremento.

2.1 Crédito de fornecedores.

Da mesma forma que a empresa vende a prazo, ela compra e, para calcular o crédito de fornecedores, devemos somar o valor da matéria-prima, material secundário etc., dividir pelo número de dias base de cálculo do resumo de custos e receita e multiplicar pelo prazo médio nas compras (dias).

2.2 Salários a pagar.

Normalmente as empresas pagam o salário no 5° dia útil do mês seguinte ao trabalhado, dessa forma, o cálculo do crédito de salários é de 5 dias. Soma-se o valor dos salários fixos e variáveis que encontramos no resumo de custo e receita, divide-se pelo n° de dias da base de cálculo e, em seguida, multiplicamos por 5.

2.3 Impostos a Pagar.

Impostos a pagar são os tributos que a empresa recolhe ao Estado no mês seguinte, por exemplo: PIS, COFINS, ICMS etc. Pis e Cofins são tributos recolhidos sempre no dia 10 de cada mês seguinte e o ICMS para a indústria é recolhido em duas parcelas, 50% dia 9 e 50% dia 15, dando uma média de 12 dias.

Para se calcular o crédito com tributos, usam-se as seguintes fórmulas: Pis + Cofins / n° de dias da base de cálculo (quadro resumo) x 10 dias.

Icms / n° de dias da base de cálculo (quadro resumo) x 12 dias.

Em seguida, soma-se o resultado encontrado nas duas fórmulas acima.

2.4 Outros Créditos.

Outros créditos, depende da empresa, ela pode ou não ter créditos com terceiros que podem auxiliá-la no capital de giro.

2.5 Necessidade Adicional de Capital de Giro.

É o montante das necessidades, encontrado no quadro de capital de giro, menos as coberturas, que a empresa recebe de terceiros; é o montante de recursos que a empresa necessita buscar em outras fontes para completar o capital de giro.

Fórmula: Total das Necessidades - (2.1 + 2.2 + 2.3 + 2.4).

Capital de giro na empresa Indústria e Comércio

A realidade é como é, não como desejamos que ela fosse.

Maquiavel

4. Capital de Giro na Empresa Indústria e Comércio

Ao se calcular as necessidades de capital de giro de uma empresa cujo ramo de atividade é comércio e indústria, que vem com atividades há algum tempo, nós utilizamos as informações extraídas da contabilidade e também do custo.

Na contabilidade nós buscamos as informações que o balanço patrimonial nos oferece, visando o capital de giro próprio, as obrigações a curto prazo, os direitos da empresa também a curto prazo, a disponibilidade de recursos numerários etc.

No setor de custos nós levantamos todas as informações referentes à receita e custos (fixo e variável), produção prevista etc.

Outra informação importante, que todo o administrador sabe e tem a obrigação de saber, é a política adotada pela empresa, nos setores de estoques, volume de vendas a prazo, forma de cobrança (prazo), ciclo produtivo etc.; com essas informações fica fácil de calcular o capital de giro necessário.

4.1 ESTUDO DE UM CASO TÍPICO

Para facilitar e exemplificar o cálculo vamos trabalhar com o exemplo de uma empresa, cujas características são:
- Balanço Geral;
- Projeção de custo e receita mensal;
- Características diversas.

4.1.1 Balanço Geral

<u>ATIVO</u>

<u>Circulante</u>

– Caixa	R$	6.000,00
– Bancos conta movimento	R$	8.000,00
– Bancos conta Garantida	R$	4.000,00
– Duplicatas a Receber	R$	26.000,00
– (-) Dupls. Descontadas	R$	(6.000,00)
– Estoque de Matéria-Prima	R$	78.000,00
– Estoque de Embalagens	R$	8.000,00
– Estoque de Mat.Secundário	R$	12.000,00
– Estoque de Prod.em Elabor	R$	6.000,00
– Estoque de Prod. Acabados	R$	35.000,00
– Despesas Antecipadas, ...	R$	<u>3.000,00</u> R$ 180.000,00

<u>Permanente</u>
– Investimentos

– Ações Telebras	R$	1.800,00
– Ações emp. coligadas	R$	<u>34.000,00</u>
....	R$	35.800,00

– Imobilizado

– Imóvel (casa)	R$	48.000,00
– Móveis e Utensílios	R$	3.800,00
– Instalações	R$	4.200,00
– Máquinas e Equipamentos	R$	36.000,00
– Veículos	R$	<u>24.000,00</u>
....	R$	116.000,00

– Diferido

– Despesas de Ex. Futuros	R$	<u>6.000,00</u> R$ <u>157.800,00</u>
Ativo Total		R$ 337.800,00

<u>PASSIVO</u>

<u>Circulante</u>

– Fornecedores	R$	42.000,00
– Obrigações Fiscais	R$	8.600,00
– Obrigações Trabalhistas	R$	10.100,00
– Empréstimos a Curto Prazo	R$	<u>8.000,00</u> R$ 68.700,00

Exigível a Longo Prazo
– Empréstimos a Longo Prazo ..... R$ 80.000,00
– Financiamento do Imobilizado .. R$ 36.000,00   R$ 116.000,00
Patrimônio Líquido
– Capital Social .... R$ 100.000,00
– Lucros Acumulados .... R$ 33.000,00
– Reservas de Capital .... R$ 15.000,00
– Reservas de Lucros .... R$ 5.100,00   R$ 153.100,00
Passivo Total .... R$ 337.800,00

4.1.2 Resumo de Custo e Receita (base mensal)

1.	Receita Total .... R$	351.000,00
	– Produto A = 5.000 unid. x R$ 18,00 .... R$	90.000,00
	– Produto B = 7.000 unid. x R$ 21,00 .... R$	147.000,00
	– Produto C = 6.000 unid. x R$ 19,00 .... R$	114.000,00
2.	Custo Total .... R$	313.443,80
2.1	Custo Fixo .... R$	47.225,50
	– Água e Luz .... R$	480,00
	– Honorários contábeis .... R$	1.600,00
	– Seguros .... R$	2.160,00
	– Salários .... R$	18.300,00
	– Encargos sociais s/salários .... R$	10.980,00
	– Pró-labore .... R$	9.000,00
	– Encargos sociais s/pró-lab .... R$	900,00
	– Despesas com combustíveis .... R$	950,00
	– Depreciação .... R$	1.480,00
	– Outras despesas .... R$	1.375,00
2.2	Custo Variável .... R$	266.218,30
	– Matéria-Prima Alfa .... R$	109.800,00
	Prod. A = 5.000 unid. x R$ 5,00 .... R$	25.000,00
	Prod. B = 7.000 unid. x R$ 6,80 .... R$	47.600,00
	Prod. C = 6.000 unid. x R$ 6,20 .... R$	37.200,00
	– Material Secundário .... R$	38.700,00
	Prod. A = 5.000 unid. x R$ 2,00 .... R$	10.000,00
	Prod. B = 7.000 unid. x R$ 2,30 .... R$	16.100,00

Prod. C = 6.000 unid. x R$ 2,10 .... R$		12.600,00
– Embalagens .... R$		19.400,00
Prod. A = 5.000 unid. x R$ 0,90 .... R$		4.500,00
Prod. B = 7.000 unid. x R$ 1,10 .... R$		7.700,00
Prod. C = 6.000 unid. x R$ 1,20 .... R$		7.200,00
– Pis R$ 351.000,00 x 0,65% .... R$		2.281,50
– Cofins R$ 351.000,00 x 2% .... R$		7.020,00
– Comissões s/vendas 351.000 x 4% .... R$		14.040,00
– ICMS (débito - crédito)............................ R$		47.917,00
Débito 351.000,00 x 17% .... R$		59.670,00
Crédito 167.900,00 x 7% .... R$		11.753,00
– Despesas financeiras .... R$		17.550,00
– Public. e Propag. 351.000 x 0,5% .... R$		1.755,00
– Outras Despesas .... R$		7.754,80
3. Lucro Bruto.. R$		37.556,20

4.1.3 Características Diversas

Após um estudo detalhado na empresa detectamos as seguites características:

1 - O prazo médio nas vendas a prazo é de 30 dias;

2 - Das compras, 80% são a prazo e têm um prazo médio de 30 dias;

3 - O ciclo produtivo é de 4 dias;

4 - A empresa mantém uma estocagem de matéria-prima de 20 dias;

5 - A estocagem de material secundário e embalagens é de 30 dias;

6 - A estocagem de produtos acabados é de 10 dias;

7 - Do volume de vendas a prazo, 50% são descontadas em banco com uma taxa média de 10%, o restante, via cobrança em carteira;

8 - As duplicatas em carteira são recebidas com uma média de atraso não superior a 5 dias.

4.1.4 Reclassificação do Balanço

ATIVO				PASSIVO		
Aplicações de Capital de Giro				Fontes de Capital de Giro		
- Duplicatas a receber	R$	26.000,00		- Fornecedores	R$	42.000,00
- Estoques	R$	139.000,00		- Obrigações Fiscais	R$	8.600,00
- Despesas antecipadas	R$	3.000,00		- Obrigações trabalh.	R$	10.100,00
....	R$	168.000,00		....	R$	60.700,00
Outras C. Ativo Circulante ...				Outras C. Passivo Circulante		
- Disponibilidades	R$	18.000,00		- Dupls. Descontadas	R$	6.000,00
....				- Empréstimos C.Prazo	R$	8.000,00
....	R$	18.000,00		....	R$	14.000,00
Ativo Permanente				Exigível a Longo Prazo	R$	116.000,00
- Investimentos	R$	35.800,00				
- Imobilizado	R$	116.000,00		Patrimônio Líquido	R$	153.100,00
- Diferido	R$	6.000,00				
....	R$	157.800,00				
Total do Ativo	R$	343.800,00		Total do Passivo	R$	343.800,00

1 – $\quad$ CDG = PL - AP
$\quad\quad$ CDG = 153.100,00 - 157.800,00 = - 4.700,00

2 – $\quad$ NLCG = Aplicações - Fontes
$\quad\quad$ NLCG = 168.000,00 - 60.700,00 = 107.300,00

3 – $\quad$ Disponibilidades Líquidas = OCAC - OCPC
$\quad\quad$ 18.000,00 - 14.000,00 = 4.000,00

4.1.5 Quadro de necessidades de capital de giro

DISCRIMINAÇÃO	Base de Cálculo	Valor R$ 1,00
1. NECESSIDADES		
1.1 Necessidades Mínimas	5% s/demais necessid.	20.509,07
1.2 Estoq. de Matéria-Prima	Est.p/20 dias	73.200,00
1.3 Estoq. Mat. Secundário	Est.p/20 dias	25.200,00
1.4 Estoq. de Embalagens	Est.p/30 dias	19.400,00
1.5 Estoq. Prod.Em Elaboração	Ciclo prod. 4 dias	16.047,00
1.6 Estoq. Produtos Acabados	Est.p/15 dias	120.352,65
1.7 Financiamento às Vendas	50% prazo médio 30 dias	155.981,90
Total das Necessidades	/ / / / / / / / / / / / / / / / / / /	430.690,62

2.	COBERTURAS		
2.1 Crédito de Fornecedores	/ / / / / / / / / / / / / / / / / / /	21.280,00
2.2 Salários a Pagar	/ / / / / / / / / / / / / / / / / / /	3.050,00
2.3 Impostos a Pagar	/ / / / / / / / / / / / / / / / / / /	22.267,26
2.4 Recursos Próprios	/ / / / / / / / / / / / / / / / / /	95.200,00
2.5 Desconto de Duplicatas	/ / / / / / / / / / / / / / / / / /	78.971,00
2.6 Recebimento de Duplicatas	/ / / / / / / / / / / / / / / / / /	16.666,50
2.7 Nec.Adic.Capital de Giro	/ / / / / / / / / / / / / / / / / /	193.255,86
Total das Coberturas	/ / / / / / / / / / / / / / / / / /	430.690,62

4.1.5.1 Base de Cálculo

1.1 Necessidade mínimas
5% sobre as demais necessidades
R$ 410.181,55 x 5% = 20.509,07

1.2 Estoque de matéria-prima
Estocagem para um período de produção de 20 dias.
R$ 109.800,00 / 30 x 20 dias = R$ 73.200,00

1.3 Estoque de material secundário
Estocagem para um período de produção de 20 dias.
R$ 38.700,00 / 30 x 20 dias = R$ 25.800,00

1.4 Estoque de material de embalagens
Estocagem para um período de produção de 30 dias
R$ 19.400,00 / 30 x 30 dias = R$ 19.400,00

1.5 Estoque de Produtos em elaboração
Estocagem ref. ao ciclo produtivo de 4 dias.
R$ 313.443,80-(1.480,00+2.281,50+7.020,00+14.040,00+47.917,00)
= 240.705,30 / 2 / 30 dias x 4 dias = R$ 16.047,00

1.6 Estoque de produtos acabados
Estocagem para 15 dias.
R$ 240.705,30 / 30 dias x 15 dias = R$ 120.352,65

1.7 Financiamento às vendas
50% das vendas são a prazo e este é um prazo médio de 30 dias.

313.443,80 - 1.480,00 x 50% = R$ 155.981,90

2.1 Crédito de Fornecedores
80% das compras são a prazo, sendo médio de 30 dias.
R$ 25.200,00 - 12.000,00 + 19.400,00 - 6.000,00 =
26.600,00 x 80% = 21.280,00

2.2 Salários a Pagar
A empresa paga os salários no $5^{\underline{o}}$ dia útil do mês seguinte.
R$ 18.300,00 / 30 dias x 5 dias = R$ 3.050,00

2.3 Impostos a pagar
Icms R$ 47.917,00 / 30 dias x 12 dias = R$ 19.166,76
Pis R$ 2.281,50 / 30 dias x 10 dias = R$ 760,50
Cofins R$ 7.020,00 / 30 dias x 10 dias = R$ <u>2.340,00</u>
R$ 22.267,26

2.4 Recursos próprios
Disponibilidades mais estoques necessários existentes na empresa, conforme balanço.
R$ 4.000,00 + 73.200,00 + 12.000,00 + 6.000,00
= R$ 95.200,00

2.5 Desconto de Duplicatas
R$ 351.000,00 x 50% x 50% x 90% = R$ 78.975,00

2.6 Recebimento de Duplicatas
R$ 20.000,00 / 30 dias x 25 dias = R$ 16.666,50

4.2 CAPITAL DE GIRO NA INDÚSTRIA DE PRODUTOS SOB ENCOMENDA

Na indústria em que o regime de produção é através de encomendas e o produto é personalizado da forma em que o cliente exige, o processo produtivo altera a cada produto fabricado, devido as características dos produtos serem distintas.

O cálculo das necessidades de capital de giro para esse tipo de indústria apresenta algumas alterações, se comparado a uma indústria de produção contínua em série, tais como:

(1) Estoques de produtos acabados - a indústria de produtos sob encomenda não mantém estoques de produtos acabados, já que os produtos são industrializados cumprindo uma exigência do cliente e não tem como manter estoques de um produto que modifica a cada cliente.

(2) Estoques de produtos em elaboração - como a produção é descontínua a cada produto, o ciclo produtivo altera em função do produto e para nós calcularmos os estoques de produtos em elaboração é necessário um estudo detalhado da empresa para encontrar uma produção média. Partindo da produção média pode-se trabalhar com uma expectativa de produção e calcular os estoques de produtos em elaboração.

(3) Estoques de matéria-prima - não há uma necessidade de manter um volume de estoques de matéria-prima para uma produção de um determinado período, já que à medida que a empresa vai efetuando vendas dos produtos, ela vai adquirindo também a matéria-prima necessária, podendo até manter um estoque de matéria-prima da principal de seu processo produtivo, mas em escala menor.

(4) Estoque de material secundário - tendo em vista o material secundário ser uma parte componente do produto e que personaliza detalhes do produto, também pode seguir a mesma linha da matéria-prima, mantendo um estoque pequeno e à medida que os produtos são vendidos, busca-se o material necessário.

(5) Financiamento às vendas - cada empresa quando trabalha no regime de encomendas adota uma política de vendas e para efetuar o cálculo de financiamento das vendas é necessário saber a política da empresa, mas o que é comum e a maioria das empresas adota é na produção sob encomenda, quando o cliente efetua a compra do produto, ele paga uma parte do produto, na entrega do produto paga outra parcela, restando uma pequena parcela para a empresa financiar ou em alguns casos o cliente na entrega paga o restante do produto.

(6) Necessidades mínimas - na determinação de um volume financeiro mínimo da empresa que trabalha sob encomenda, depende mais do comportamento dos custos fixos do que da produção propriamente dita, mas cada caso precisa-se estudar a empresa com as suas peculiaridades e posteriormente definir as necessidades mínimas.

(7) Coberturas das necessidades - da mesma forma que qualquer outra indústria, as coberturas das necessidades de capital de giro mantêm a mesma forma de cálculo. É preciso verificar o sistema de compras da empresa para saber se essa compra é a prazo ou não e também o prazo médio que recebe.

A seguir demonstramos um quadro das necessidades de capital de giro com as alterações acima citadas e deve ser adaptado em função da empresa.

4.2.1 Quadro das necessidades de capital de giro indústria de produtos sob encomendas

DISCRIMINAÇÃO	Base de Cálculo	Valor R$ 1,00
1. NECESSIDADES		
1.1 Necessidades Mínimas		
1.2 Estoq. Mat. Secundário		
1.3 Estoq. Prod. em Elaboração		
1.4 Financiamento às Vendas		
Total das Necessidades	/////////////////////	
2. COBERTURAS		
2.1 Crédito de Fornecedores	/////////////////////	
2.2 Salários a Pagar	/////////////////////	
2.3 Impostos a Pagar	/////////////////////	
2.4 Recursos Próprios	/////////////////////	
2.5 Desconto de Duplicatas	/////////////////////	
2.6 Recebimento de Duplicatas	/////////////////////	
2.7 Nec.Adic.Capital de Giro	/////////////////////	
Total das Coberturas	/////////////////////	

4.2.2 Base de cálculo das necessidades de capital de giro

O cálculo das necessidades e das coberturas de capital de giro, segue a mesma forma do que nós mostramos, com alguns cuidados importantes relativos às necessidades mínimas, estoque de material secundário, produtos em elaboração, financiamento às vendas. As coberturas também seguem o mesmo sistema já demonstrado no decorrer do trabalho.

5. Capital de Giro na Empresa de prestação de serviços

Na empresa em que o ramo de atividade é a prestação de serviços, o cálculo das necessidades de capital de giro, aproxima-se da forma de cálculo empregado no cálculo da empresa de comércio em geral, ou seja, nós podemos usar as informações conhecidas na contabilidade da empresa, embora essas informações não sejam suficientes. O ramo de atividade de prestação de serviços conta com algumas peculiaridades que modificam a forma de cálculo das necessidades de giro e nós comentamos a seguir:

1 - Tipo de atividade desenvolvida;
2 - Localização da empresa;
3 - Recursos Técnicos Existentes.

5.1 TIPO DE ATIVIDADE DESENVOLVIDA

No cálculo das necessidades de capital de giro da empresa de prestação de serviços é fator de bastante relevância o ramo de atividade da empresa, pois dependendo das atividades desenvolvidas pela empresa, o capital de giro tem uma significância pequena em relação aos demais investimentos. Por exemplo: uma transportadora de cargas necessita de grandes investimentos em veículos de transporte, nesse caso o capital de giro é de pequena significância se compararmos com os demais investimentos. Já uma empresa de prestação de serviços no setor contábil não necessita de grandes investimentos fixos, pois a base para a prestação de serviços são os conhecimentos técnicos da equipe que presta os serviços.

O ramo de atividade e sua forma de trabalho é fator decisivo na definição das necessidades de capital de giro. Por exemplo: uma empresa que presta serviços de assessoria jurídica, contábil e econômica e tem contrato de prestação de serviços onde recebe a título de honorários um valor mensal de cada cliente, onde dessa conta com uma carteira de vários clientes, torna-se fácil o cálculo do capital de giro, pois o próprio fluxo de caixa da empresa com algumas adaptações é suficiente para verificar o capital necessário. Já uma empresa de prestação de serviços e que trabalha no regime de contrato de risco, o capital de giro normalmente é maior, pois o tempo que essa precisa para obter o resultado é maior e conseqüentemente as necessidades de capital de giro também são maiores. Por outro lado em uma empresa de transporte coletivo urbano o investimento fixo é alto, mas as necessidades de capital de giro não, visto que, diariamente, tem movimento de recursos numerários (dinheiro) e quando se trabalha com um fluxo de caixa bem ajustado à realidade da empresa, a necessidade de giro é menor.

5.2 LOCALIZAÇÃO DA EMPRESA

A localização da empresa prestadora de serviços é outro fator importante na definição das necessidades de capital de giro, visto que, em alguns casos, quando a empresa que presta os serviços está próxima do cliente que recebe os serviços é um fator que modifica para menor o custo para prestar o serviço e quando o custo é menor o capital de giro necessário também é menor. Por outro lado, quando a sede da empresa está distante do local onde será prestado o serviço e se esse serviço tiver um prazo maior para a execução e ainda envolve um número maior de pessoas, com certeza o custo de execução do serviço também será maior exigindo uma disponibilidade de capital de giro também maior.

É importante destacar a localização da empresa em relação ao cliente que irá receber o serviço prestado, poderá aumentar ou diminuir o custo na prestação do serviço, e nós sabemos que o custo está diretamente ligado às necessidades de capital de giro. Outro ponto a destacar: cada empresa é um caso e nós temos que estudar a empresa com suas características para posteriormente verificar o capital de giro necessário.

Exemplo: uma empresa que presta serviços de instalação de meio fio e passeios na cidade, onde recebe pelo serviço prestado, à medida que essa preste um serviço numa cidade a 400 km de distância de sua sede, terá um custo maior que se estivesse prestando o mesmo serviço em outra cidade numa distância de 30 km. Evidentemente que quanto maior for a distância maiores serão os custos com transporte de materiais, máquinas, pessoas etc. e na medida que o custo aumenta, aumenta também as necessidades de capital de giro para prestar o serviço.

5.3 RECURSOS TÉCNICOS EXISTENTES

Um fator também importante na empresa de prestação de serviços são os meios técnicos que a empresa dispõe. À medida que a empresa trabalha com uma equipe de técnicos altamente qualificados, os serviços a serem prestados também serão qualificados e conseqüentemente o custo de manutenção da equipe (transporte, alimentação, equipamentos de trabalho etc.) aumenta e, como é de nosso conhecimento, custo maior, necessidade de capital de giro também maior.

Observação:

É importante deixar bem claro na empresa de prestação de serviços que um fluxo de caixa com algumas peculiaridades é um instrumento que, além de dar uma visão do fluxo de recursos, serve também como um instrumento para mostrar as necessidades de capital de giro.

Exemplo de fluxo de caixa na empresa de prestação de serviços.
Empresa: José Silva & Cia Assesssoria Empresarial
Período 01-07-98 a 31-07-98

Data	Discriminação	Entradas	Saídas
01-07	Serviços prestados à vista	0-0	
01-07	Pagamento da duplicata y		0-0
01-07	Recebimento da duplicata z	0-0	
01-07	Pagamento de despesas diversas		0-0
02.07	Recebimento de serviços prestados	0-0	
02.07	Pagamento de material de consumo		0-0
05-07	Recebimento honorários da empresa Ind. e Com. y S.A.	0-0	
05-07	Pagamento de salários cfe.fl. pgto.		0-0
05-07	Retirada do diretor executivo Dr. José Santos		0-0
05-07	Pagamento de despesas diversas		0-0
05-07	Recebimento ref. duplicatas	0-0	
25-07	Pagamento vale aos funcionários		0-0
30-07	Compra de material de expediente		0-0
30-07	Recebimento ref. honorários técnicos	0-0	
30-07	Pagamento ref. despesas diversas		0-0
30-07	Saldo em caixa mês anterior (03)	0-0	
30-07	Saldo Banco Brasil	0-0	
30-07	Total do mês	0-0	0-0

Quadro das necessidades de capital de giro
Empresa de prestação de serviços

Discriminação	Valor R$
1- Disponibilidades	
1.1 Saldo Banco do Brasil C/C - início do mês	x-x
1.2 Saldo Banco do Estado C/C - início do mês	x-x
1.3 Saldo em caixa - início do mês	x-x
1.4 Previsão de entradas - cfe. fluxo de caixa	x-x
Total das Disponibilidades	x-x
2- Usos de Recursos	
2.1 Previsão de saídas - cfe. fluxo de caixa	x-x
2.2 Necessidades Adicionais de recursos	x-x
Total dos Recursos	x-x
3- Saldos para mês seguinte (previsão)	
3.1 Saldo em caixa	x-x
3.2 Saldo em Bancos	x-x
Total dos Saldos	x-x

Base de cálculo do quadro das necessidades de capital de giro

1. Disponibilidades – para verificar as disponibilidades para o mês, a maneira mais fácil é consultar o departamento contábil e este informa as disponibilidades de caixa, bem como de bancos/conta corrente.

A previsão de entradas nós verificamos através do fluxo de caixa. Além das entradas via caixa, a empresa pode ter recebimentos extra caixa, ou seja, cobranças da empresa diretamente via bancos. Essas informações são extraídas da contabilidade.

2.1 A previsão de saídas nós também verificamos no fluxo de caixa.

2.2 As necessidades de recursos adicionais é a diferença entre as disponibilidades e as saídas, quando as saídas forem maiores que as disponibilidades.

3. Previsão de saldos para o mês seguinte, é a análise do fluxo de caixa comparando as prováveis entradas e saídas. Na execução do fluxo,

ou seja, no final do mês deve-se comparar o previsto com o realizado e atualizar os saldos.

Exemplo de cálculo do capital de giro, conforme segue:
A empresa AAB Consultoria e Assessoria Empresarial Ltda, apresenta a seguinte estrutura patrimonial:

Ativo

Circulante

- Caixa	R$	1.100,00		
- Banco Sudameris C/C	R$	5.200,00		
- Banco do Brasil C/C	R$	4.700,00		
- Duplicatas a receber	R$	3.000,00		
- Adiantamento de salários	R$	2.400,00		
- Est.de mat. de consumo	R$	1.800,00		
- Honorários a receber	R$	2.200,00		
- Aluguéis a receber	R$	1.100,00	R$	19.500,00

Permanente

- Computadores e periféricos.	R$	14.000,00		
- Equipamentos de Comunic..	R$	3.200,00		
- Móveis e Utensílios	R$	4.100,00		
- Maq.Equip.Escritório	R$	3.300,00		
- Veículos	R$	28.200,00		
- Terreno	R$	18.000,00		
- Constr. Civil	R$	36.000,00		
- Imóvel de Aluguel	R$	18.000,00	R$	125.300,00
Total do Ativo			R$	144.800,00

Passivo

Circulante

- Salários a pagar	R$	6.600,00		
- INSS a recolher	R$	2.700,00		
- FGTS a depositar	R$	530,00		
- Férias a pagar	R$	3.350,00		
- Contas a pagar	R$	5.600,00	R$	18.780,00

Exigível a Longo Prazo

- Empréstimos bancários	R$	18.000,00		
- Fin.Veículos	R$	8.000,00	R$	26.000,00

Patrimônio Líquido

- Capital social	R$	80.000,00		
- Reservas de capital	R$	8.000,00		
- Lucros acumulados	R$	12.020,00	R$	100.020,00
Total do Passivo			R$	144.800,00

Fluxo de caixa da empresa - AAB Consultoria e Assessoria Empresarial Ltda, conforme segue:
Período 01-07-98 a 31-07-98

Data	Discriminação	Entradas	Saídas
03-07	Pagamento ref. RG INSS................		2.700,00
03-07	Pagamento depósito FGTS.............		530,00
05-07	Recebimento ref. aluguel de imóv....	1.100,00	
05-07	Pagamento fl.de salários.................		6.600,00
06.07	Pagamento duplicata s/veículos.......		800,00
07.07	Pagamento Combustíveis veículos		120,00
08.07	Recebimento de honorários JJ S.A.	980,00	
09.07	Pagamento honorário manut.equip..		940,00
10.07	Retirada de diretores		3.600,00
12.07	Recebimento ref. serv.prestados.....	480,00	
14.07	Receb. honor.da emp.Ind.Com. y....	1.200,00	
16.07	Pagamento despesas da cantina........		140,00
18.07	Pagamento talão de energia (luz)......		86,00
20.07	Pagamento de despesas água...........		48,00
22.07	Pagamento despesas com combust...		120,00
24.07	Recebimento ref. duplicata 0090......	860,00	
24.07	Pagamento ref. dpl. empréstimo bco.		1.200,00
24.07	Pagamento desp.c/transporte/alim.....		430,00
25.07	Recebimento dupl. nº 0085..............	1.090,00	
25.07	Rec. ref. serviços prestados.............	2.900,00	
25.07	Pagamento ref. serviços de terceiros.		600,00
25.07	Recbto ref. honorários assessoria......	2.000,00	
25.07	Pagamento vale aos funcionários		3.200,00
26.07	Pagamento ref. publicidade e propag		800,00
26.07	Recebimento ref. serviços prestados.	1.800,00	
28.07	Pagamento ref. desp combustíveis....		60,00
28.07	Pagamento desp. c/manut. veículos...		30,00
29.07	Pagamento ref. desp. com manut......		130,00
29.07	Recebimento ref. serviços técnicos...	2.300,00	
30.07	Compra de material de expediente....		460,00
30.07	Recebimento ref. honorários técnic..	500,00	
30.07	Pagamento ref. despesas diversas.....		80,00
30-07	Saldo em caixa mês anterior.............	1.100,00	
30-07	Saldo Banco Brasil........................	4.700,00	
30-07	Saldo Banco Sudameris S.A............	3.200,00	
30-07	Total do mês	24.210,00	22.674,00

> **Observação:**
>
> O fluxo de caixa mostra os movimentos da empresa via caixa, embora nós sabemos que algumas operações são diretas via bancos; por exemplo: cobrança bancária, serviços prestados onde o pagamento é direto via banco etc.

Quadro das necessidades de capital de giro

Discriminação	Valor R$
1 – Disponibilidades	
1.1 Saldo Banco do Brasil C/C - início do mês	4.700,00
1.2 Saldo Banco Sudameris C/C - início do mês	3.200,00
1.3 Saldo em caixa - início do mês	1.100,00
1.4 Previsão de entradas - cfe. fluxo de caixa	15.210,00
1.5 Entradas extra caixa (via bancos)	10.100,00
Total das Disponibilidades	34.300,00
2 – Usos de Recursos	/////////////////////////
2.1 Previsão de saídas - cfe. fluxo de caixa	22.674,00
2.2 Necessidades Adicionais de recursos *	11.626,00
Total dos Recursos	34.300,00
3 – Saldos para mês seguinte (previsão)	/////////////////////////
3.1 Saldo em caixa	1.100,00
3.2 Saldo em Bancos	10.526,00
Total dos Saldos	11.626,00

> **Observação:**
>
> * = quando as disponibilidades são maiores que os usos dos recursos esse valor corresponde ao saldo para o mês seguinte, ao contrário essa diferença é o montante de necessidades adicionais que a empresa precisa buscar em outras fontes.

O Mercado

Quando o estrategista erra o soldado morre.

Lincoln

6. O Mercado

6.1 INTRODUÇÃO

Quando se pensa em administração empresarial, uma preocupação que vem sempre em nossa mente é o volume de atividades que a empresa pretende operar, ou seja, qual é o faturamento que a empresa terá no período (semana, mês, ano), esse faturamento é a receita operacional da empresa. Para podermos definir a receita da empresa no período, faz-se necessária a elaboração de uma pesquisa de mercado (mercado consumidor, mercado fornecedor, mercado concorrente), para posteriormente se definirem as atividades da empresa.

Para se elaborar uma pesquisa mercadológica, alguns cuidados devemos ter, e, para não cometermos equívocos, devemos seguir alguns passos, tais como:

a) Determinação da posição do setor onde a empresa estará inserida, sua evolução;

b) Determinar o potencial de mercado consumidor dos produtos da empresa;

c) Levantar o potencial de mercado fornecedor da empresa;

d) Identificar o mercado concorrente da empresa;

e) Concluir a viabilidade mercadológica da empresa.

Visando facilitar a aplicação dos passos acima, tratamo-los individualmente, conforme descrevemos a seguir.

Conceito

Na acepção tradicional, o mercado caracterizava-se por um lugar determinado em que se realizavam transações econômicas. O conceito de mercado está hoje bem distante de sua acepção primitiva. O mercado é uma abstração, definida pela existência e pelo entrechoque de forças aparentemente antagônicas, as da oferta e as da procura.[17]

---
[17] Rossetti, José Paschoal (1.997), Pg. 439.

6.2 POSIÇÃO DO SETOR

O objetivo de se verificar a posição do setor onde a empresa se encontra, tem como função analisar a evolução do mercado, visando representar a capacidade mercadológica de determinada área ou a de um ramo de atividades em absorver uma quantidade específica de vendas de um produto, para se determinar o potencial de vendas da empresa.

O potencial de vendas é uma parcela de potencial de mercado que a empresa pode razoavelmente esperar obter, isto é, com base na demanda estimada da empresa, o quanto ela poderá vender em números absolutos para cada região.

O levantamento do consumo per capita de determinado produto e, posteriormente, a definição da área de ação da empresa, nos possibilitam identificar o consumo total aparente de um produto em determinada região.

Exemplificando, se um produto "x" tem um consumo per capita de 03 unidades/mês e se nós levantarmos a população do raio de ação de abrangência da empresa, digamos 100.000 habitantes, ao multiplicarmos a população pelo consumo per capita, encontraremos o consumo total aparente da região do produto "x".

Exemplo de Consumo Aparente

Cidade	População	Cons.Per capt	Cons. Total
Alexânia	18.623	3	55.869
Abadiânia	10.164	3	30.492
Anápolis	264.975	3	794.925
Goiânia	1.002.377	3	3.007.131
Goianira	15.194	3	45.582
Araçu	3.678	3	11.034
Hidrolândia	11.199	3	33.594
Morrinhos	33.654	3	100.962
Piracamjuba	22.697	3	68.091
Goiatuba	30.074	3	90.222
Itumbiara	78.669	3	236.007
Inhumas	40.392	3	121.176
Ipameri	21.975	3	65.925
Palmeira de Goiás	17.669	3	53.007
Palmelo	2.177	3	6.531
Indiara	11.563	3	34.689
Bela Vista de Goiás	17.786	3	53.358
Total		-	53.358

O consumo de um determinado produto em uma determinada região, depende bastante dos costumes das pessoas que a habitam. Por exemplo: o consumo do produto erva-mate na região Sul do país é muito superior ao consumo da mesma erva-mate, na região Centro-Oeste, porque o sulista tem o hábito de tomar todos os dias o chimarrão, que é feito à base de erva-mate e água, enquanto que na região Centro-Oeste, a população regional não tem esse hábito e as pessoas que cultivam o hábito são pessoas de origem do Sul do país e estão morando no Centro-Oeste.

Outro fator que tem influência é o clima da região; determinados produtos são consumidos mais em região de clima frio; outros, em região de clima mais quente e assim por diante.

Além dos fatores já citados que determinam o padrão de consumo de uma região, nós podemos citar ainda outro fator importante que é o fator cultural: na região de um nível de cultura mais elevado consome-se mais de um produto e menos de outro, visto que a cultura modifica os padrões de gosto das pessoas.

6.3 MERCADO CONSUMIDOR

A pesquisa de mercado consumidor, tem como finalidade identificar o potencial de mercado consumidor de um determinado produto, que a empresa comercializa. Esse potencial de mercado consumidor deve ser calculado com cuidado para se evitarem distorções que possam prejudicar as avaliações que estejam sendo feitas.

Há numerosas técnicas para o cálculo do potencial de mercado consumidor e, entre elas, as mais conhecidas e que destacamos são:

a) Cálculo do Potencial de Mercado - Método de pesquisa de campo;

b) Cálculo do Potencial de Mercado - Método dos registros estatísticos da empresa;

c) Cálculo do Potencial de Mercado - Método dos dados setoriais;

d) Cálculo do Potencial de Mercado - Método do censo.

a) Cálculo do Potencial de Mercado - Método de pesquisa de campo.

Os levantamentos de mercado de compradores ou de utilizadores e de possíveis compradores ou utilizadores são freqüentemente usados para calcular os potenciais específicos sobre o mercado consumidor da empresa.

A pesquisa de campo inicia-se com a definição da amostragem a ser pesquisada, ou seja, as empresas a serem pesquisadas no raio de abrangência da empresa; verificam-se as principais empresas para que a amostragem seja representativa. Definindo as empresas, o passo seguinte é identificar o comprador e o local onde a pessoa responsável pela compra recebe os compradores e, se possível, marca a visita.

No horário determinado, o pesquisador vai até a empresa e efetua a pesquisa com o encarregado de compras da empresa: através de indagações, levanta o volume de consumo da empresa num período determinado (dia, semana, quinzena, mês etc.), bem como os principais fornecedores, tipos de embalagens, prazos de pagamento, prazo de entrega após o pedido, pontos positivos e também negativos dos atuais fornecedores etc.

Para facilitar o trabalho do pesquisador colocamos as principais questões que este deve fazer ao entrevistado (comprador da empresa):

– Quantas unidades do produto x a empresa compra em média no período?

– Tipo de embalagem utilizada pelos fornecedores?

– Quais são os fornecedores atuais?

– Qual o preço pago por unidade do produto pesquisado?

– Qual é o prazo que os fornecedores levam para entregar a mercadoria?

– Quais as condições de pagamento (prazo)?

– Pontos positivos dos fornecedores atuais?

– Pontos negativos dos fornecedores atuais?

– Qual a possibilidade da empresa comprar de outro fornecedor?

Após a entrevista efetuada, o pesquisador deve fazer uma visita ao local onde estão expostos os produtos (gôndolas, prateleiras etc.), para verificar se as informações recebidas do entrevistado conferem (fornecedores, embalagens etc.).

Logo após a pesquisa, ou seja, ao terminar a pesquisa junto a amostragem, faz-se necessária a tabulação de todos os dados levantados, e elabora-se um mapa com as informações colhidas. O mapa informativo contém os dados tabulados de toda a pesquisa, tais como número das amostras, quantidade de consumo do produto pesquisado, embalagem mais utilizada, preço médio, prazos (entrega e pagamento).

Exemplo de mapa resumo da Pesquisa de Campo do produto A.

Cidade	Emp.Visitadas	Consumo/Unid.	Preço Médio
Goiânia	10	90.000	4,00
Anápolis	08	28.000	4,10
Brasília	12	110.000	4,40
Itumbiara	08	22.000	4,30
Goiatuba	06	13.000	4,30
Morrinhos	06	16.000	4,30
Trindade	06	20.000	4,20
Piracamjuba	06	18.000	4,30
Palmeira de Goiás	04	10.000	4,30
Total	66	327.000	de 4,00 a 4,40

Observação:
    Os dados acima servem como exemplo de uma pesquisa de campo de um produto, num determinado período de tempo.

A pesquisa de campo, além de ter o objetivo de levantar o potencial de consumo do produto, serve também como um cadastramento dos prováveis compradores do produto que se está pesquisando. Por esse motivo é importante que o pesquisador identifique o máximo possível o entrevistado, incluindo na entrevista todos os dados da empresa, tais como: Nome da empresa, CGC, Insc. Estadual, endereço completo, telefone, pessoa encarregada de compras.

b) Cálculo do Potencial de Mercado - Método dos registros estatísticos da empresa.

O método dos registros estatísticos da empresa é possível quando se trata de uma empresa já existente e que tenha no mínimo um período de existência de 12 meses, mas o ideal é que a empresa tenha um período de existência superior a 36 meses, para que o analista tenha condições de fazer uma análise comparativa das vendas mês a mês.

De posse dos dados de vendas da empresa nos últimos 36 (trinta e seis) meses (quantidades em unidades e valor), o analista elabora uma tabela onde constem todas as vendas da empresa nos meses e anos. Essa tabela possibilita ao analista a identificação dos meses em que as vendas são maiores ou menores, possibilitando com isso identificar qual o período em que se deve dedicar maiores esforços para aumentar as vendas, esforços esses através de publicidade, propaganda, promoções etc.

Quadro 6.3.1 Exemplo hipotético de registros estatísticos da empresa - Produto A

Mês	Ano 1.9x1	Ano 1.9x2	Ano 1.9x3	Média Anual
Janeiro......	8.000 Unid	7.900 Unid	8.300 Unid	8.067 Unid.
Fevereiro..	7.950 Unid	7.860 Unid	8.200 Unid	8.003 Unid.
Março......	8.100 Unid	7.950 Unid	8.300 Unid	8.117 Unid.
Abril........	8.300 Unid	8.100 Unid	8.400 Unid	8.267 Unid.
Maio........	8.250 Unid	8.100 Unid.	8.400 Unid	8.250 Unid.
Junho......	8.200 Unid	8.160 Unid	8.300 Unid	8.220 Unid.
Julho.......	7.800 Unid	7.600 Unid	7.900 Unid	7.767 Unid.
Agosto.....	7.600 Unid	7.500 Unid	7.800 Unid	7.633 Unid.
Setembro.	7.860 Unid.	7.800 Unid.	7.940 unid	7.867 Unid.
Outubro...	8.100 Unid.	8.030 unid.	8.160 unid.	8.097 Unid.
Novembro.	8.400 Unid.	8.420 Unid	8.600 Unid.	8.473 unid.
Dezembro.	8.860 Unid.	8.790 Unid.	8.940 Unid.	8.863 Unid.

Pelo quadro exemplo acima, podemos observar a média de vendas em cada mês (em quantidades unitárias), e observamos também que nos meses de clima mais frio, ou seja, maio, junho e julho, as vendas tendem a cair e iniciam sua melhora a partir de agosto, chegando ao máximo no mês de dezembro.

De posse dessas informações, o administrador pode planejar as atividades da empresa com mais segurança, pois ele sabe quais os meses que as vendas são melhores e também quais os meses que a empresa precisa concentrar os esforços para conseguir uma melhora nas atividades.

c) Método de dados setoriais e método de dados do censo (dados secundários).

Segundo o professor Marcos Cobra, para calcular o potencial de mercado através de dados setoriais e de dados dos censitários, pode-se estimar o potencial de mercado.

O conhecimento do ambiente no qual a empresa atua, aliado aos dados disponíveis sobre o ramo e suas tendências, é o ponto de partida para se chegar ao potencial

Exemplo de potencial para compra

Cidade	População	Renda média	Total
Alexânia	18.623	58,00	1.080.134,00
Anápolis	264.975	62,00	16.428.450,00
Abadiânia	10.164	40,00	406.560,00
Goiânia	1.002.377	62,00	62.147.374,00
Goianira	15.194	40,00	607.760,00
Araçú	3.678	40,00	147.120,00
Hidrolândia	11.199	40,00	447.960,00
Morrinhos	33.654	58,00	1.951.932,00
Piracamjuba	22.697	58,00	1.316.426,00
Goiatuba	30.074	58,00	1.744.292,00
Itumbiara	78.669	58,00	4.562.802,00
Inhumas	40.392	58,00	2.342.736,00
Ipameri	21.975	40,00	879.000,00
Palmeira de Goiás	17.669	40,00	706.760,00
Palmelo	2.177	40,00	87.080,00
Indiara	11.563	40,00	462.520,00
Bela Vista de Goiás	17.786	58,00	1.031.588,00
Total		-	96.350.494,00

> **Observação:**
> A renda da população usada no exemplo é apenas para demonstrar a forma de se calcular o potencial; foi atribuída aleatoriamente e não serve como informação científica.

A tarefa de determinar o potencial apóia-se no seguinte tripé:
- a existência de gente;
- com renda;
- com disposição para gastar.

A existência de gente obtém-se pelo censo demográfico, realizado pela Fundação Instituto Brasileiro de Geografia e Estatística (FIBGE) e é estimada e projetada anualmente para cada um dos municípios brasileiros.

A renda da população pode ser obtida por diversas fontes. A nível de Estado existem cálculos de renda per capita. A nível de Município, os dados publicados são menos específicos, havendo necessidade de cruzamento de diversos indicadores de renda.

A determinação da renda per capita varia de cidade para cidade, pois ela depende das características de cada cidade. Por exemplo: uma cidade, onde há várias indústrias e logicamente ocupa-se uma mão-de-obra significativa, tem renda maior que uma cidade que não tem indústrias, onde a renda básica depende do comércio e da agricultura.

A disposição para gastar pode ser medida pelo volume de impostos arrecadados com ICMS, número de empregados no comércio varejista etc.

Análise da Demanda

Fator importante na análise do mercado consumidor é feito através do confronto entre a demanda e a oferta, e a provável escassez de demanda futura. Este resultado fornecerá elementos para que seja determinado o consumo futuro.

Demanda - é a quantidade de um bem que os consumidores desejam e podem comprar, em dado intervalo de tempo; tende a variar inversamente com o preço do bem, quando todas as demais condições permanecem constantes.

A quantidade demandada refere-se à demanda efetiva, isto é, à quantidade de um bem que os consumidores desejam e podem comprar a determinado preço.

Representação da lei da demanda.

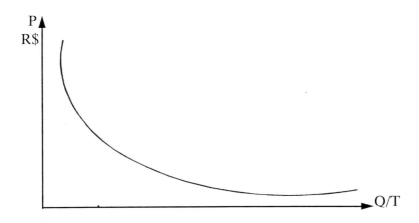

No gráfico o preço unitário (P) foi representado no eixo vertical e a quantidade demandada por unidade de tempo (QT), no eixo horizontal.

Outros fatores, além do preço e da renda, são importantes para explicar a quantidade demandada de um bem. São as seguintes: o preço dos bens substitutos e complementares, o nível de riqueza, os gastos em propaganda etc.

6.4 MERCADO FORNECEDOR

O mercado fornecedor de uma empresa (comércio ou indústria) são todas as empresas que podem fornecer (vender) produtos para a empresa operar, tais como matéria-prima, material secundário, serviços, mercadorias (produto acabado) etc.

Uma forma de identificar o mercado fornecedor é através de dados estatísticos junto a entidades vinculadas ao ramo de atividade.

Outra forma bastante usada para levantar o mercado fornecedor é através de pesquisa de campo junto aos centros produtores (matéria-prima, mercadorias, serviços etc.).

Pode-se também identificar o mercado fornecedor através de visitas ao concorrente, o que exige uma habilidade muito grande do pesquisador, pois ele tem de descobrir as informações usando artifícios, de tal modo que o concorrente não descubra o real objetivo da visita.

Uma maneira bastante usada para identificar os fornecedores é através das indústrias que produzem e comercializam os produtos, máquinas e equipamentos para os fornecedores, pois estes visam aumentar as vendas e normalmente conhecem o mercado.

As feiras, que os produtores de matéria-prima participam são um local bastante visitado para se buscar os fornecedores, já que nas feiras o contato com eles é direto; nesse contato identificam-se as condições de comercialização (prazo de entrega do produto, prazo de pagamento etc.).

Após o levantamento dos prováveis fornecedores de matéria-prima, elabora-se um mapa resumo onde se enfoca a capacidade de fornecimento de cada um.

Exemplo de mapa resumo de Fornecedores

Fornecedor	Cidade	Fone	Responsável	Potencial Vendas
1- J.J. Indústria e Comércio S.A.	São Paulo	277-2613	Dr. José Tadeu	10.000 unidades/mês
2- Indústria Bondade S.A.	Belo Horizonte	336-1947	Dr. Aníbal Tavares	15.000 unidades/mês
3- Distribuidora Jardim Ltda	Curitiba-PR	347.2630	Dr. Pedro José	20.000 unidades/mês
4- L.Y.X. Com. e Ind. Ltda..	Porto Alegre	972-1213	Dr. Antônio Farias	12.000 unidades/mês
5- Andrades & Cia Ltda	Florianópolis	336-0170	Dr. Marcos Frota	12.000 unidades/mês
6- Indústria e Com.Vontade S.A.	Uberlândia-MG	341-1510	Dr. Jõao Barbosa	18.000 unidades/mês
7- Jõao Aventura & Cia Ltda	Itumbiara-GO	431-1116	Dr. José Marcos	15.000 unidades/mês
8- Barbosa S.A.	Cascavel-PR	331-1211	Dr. Emersom Freire	10.000 unidades/mês
9- Indústria Fernandes Ltda	Maringá-PR	532-1980	Dr. Vitor Martins	20.000 unidades/mês
10 Irmãos Silva S.A.	Santos-SP	434-2897	Dr. Augusto Macedo	20.000 unidades/mês
11 Indústria Oliveira Ltda	Anápolis-GO	342-1140	Dr. Matias	5.000 unidades/mês
12 Barbosa & Barbosa S.A.	Uberaba-MG	341-2927	Sr. José Barbosa	15.000 unidades/mês
Total	-	-	-	172.000 unidades/mês

> **Observação:**
> Para cada tipo de matéria-prima componente do processo produtivo da empresa pode-se fazer um mapa com os principais fornecedores.

6.5 MERCADO CONCORRENTE

O mercado concorrente é uma das tarefas mais fáceis de se elaborar, em se tratando de pesquisa de mercado, pois ao elaborar a pesquisa de mercado consumidor através da pesquisa de campo, nós identificamos também o mercado concorrente, pois os nossos futuros compradores nos fornecem parte do nosso mercado concorrente. Nas entrevistas, na pesquisa de campo, percebemos também quando o mercado concorrente inviabiliza ou não a entrada de outra empresa no mercado.

Podemos também identificar o mercado concorrente através de levantamento junto a entidades do setor (sindicatos, associações etc.), que nos fornecem todas as empresas concorrentes na região, bem como sua capacidade instalada.

6.6. CONCLUSÃO

Após a elaboração da pesquisa (histórico do setor, mercado consumidor, mercado fornecedor e mercado concorrente) e tabulação dos dados levantados, o técnico que elaborou a mesma deve concluir a pesquisa, dando o seu parecer quanto à viabilidade mercadológica.

Caso o resultado da pesquisa seja pela viabilidade mercadológica, o técnico deve citar os pontos que justifiquem esse resultado, da mesma forma, quando o resultado seja contrário à viabilidade.

Uma tarefa muito difícil que o pesquisador enfrenta, é o momento de concluir o resultado da pesquisa, pois deve-se ter muito cuidado, analisar com detalhe as entrevistas elaboradas e também a tabulação dos dados, visto que um erro na conclusão pode levar a empresa a resultados não esperados.

Concluída a pesquisa, o técnico elabora o relatório com o parecer e nele cita o volume possível de vendas de cada um dos produtos pesquisados. Esse relatório serve como subsídio para o administrador elaborar o plano de vendas.

Para cada produto pesquisado o técnico encarregado da pesquisa deve elaborar um quadro resumo onde demonstre as empresas visitadas nas cidades e o pontencial de consumo do produto, conforme demonstramos a seguir:

Relatório de pesquisa de campo - produto A

Cidades Pesquisadas	Nº de entrevistas-emp.	Potencial de consumo
- Goiânia-GO	10	800 unidades/mês
- Anápolis-GO	06	500 unidades/mês
- Alexânia-GO	02	50 unidades/mês
- Brasília-DF	12	1.000 unidades/mês
- Itumbiara-GO	05	400 unidades/mês
- Uberlândia-MG	08	600 unidades/mês
- Uberaba-MG	06	500 unidades/mês
- Prata-MG	04	100 unidades/mês
- Frutal-MG	04	50 unidades/mês
- São José do Rio Preto-SP	10	300 unidades/mês
- Lins-SP	06	100 unidades/mês
- Marília-SP	06	50 unidades/mês
- Bauru-SP	08	150 unidades/mês
Total	87	4.600 unidades/mês

Relatório de pesquisa de campo - produto B

Cidades Pesquisadas	Nº de entrevistas-emp.	Potencial de consumo
- Goiânia-GO	06	300 unidades/mês
- Anápolis-GO	05	100 unidades/mês
- Alexânia-GO	03	60 unidades/mês
- Brasília-DF	10	600 unidades/mês
- Itumbiara-GO	06	200 unidades/mês
- Uberlândia-MG	04	400 unidades/mês
- Uberaba-MG	02	300 unidades/mês
- Prata-MG	04	200 unidades/mês
- Frutal-MG	04	100 unidades/mês
- São José do Rio Preto-SP	10	200 unidades/mês
- Lins-SP	05	100 unidades/mês
- Marília-SP	04	100 unidades/mês
- Bauru-SP	08	100 unidades/mês
Total	87	2.660 unidades/mês

Análise do Capital de Giro Projetado

Quando se antecipa o resultado,
encontra-se o caminho da conquista.

Berti

7.Análise do Capital de Giro Projetado

Para que o administrador tenha segurança na empresa, não tendo necessidade de passar por dificuldades na administração do capital de giro, é importante a priori antecipar as necessidades de capital.

Ao projetar as atividades da empresa em níveis de ocupação da sua capacidade instalada, pode-se verificar o nível mais adequado para se trabalhar, isto em função do capital disponível, já que, com a capacidade máxima (100%), a lucratividade é maior.

Após a identificação do capital de giro (através do quadro), para os diversos níveis de ocupação, por exemplo, 100%, 90%, 80%, 70%, 60% etc. é importante que o técnico faça uma análise vertical e horizontal das necessidades de giro, para verificar o comportamento das contas e com isso tirar conclusões para uma melhor administração.

7.1 ANÁLISE VERTICAL

Concluído o cálculo do quadro de necessidades de giro nos diversos níveis de atividades da empresa, a análise vertical compara o quadro de capital de giro, conta por conta em relação ao todo.

Exemplo:

O total das necessidades eqüivale a 100%, as demais contas, calcula-se uma de cada vez, para verificar a participação em relação ao todo. As coberturas também são feitas da mesma forma, o total é 100%.

A análise vertical mostra o comportamento das contas em relação ao todo.

7.2 ANÁLISE HORIZONTAL

Na análise horizontal, nós verificamos a relação de uma conta em um nível de atividade, com a mesma conta em outro nível de atividade, tendo sempre como base a capacidade máxima que é 100%.

Nessa análise, verifica-se que algumas contas não acompanham a tendência normal, digamos que o trabalho foi elaborado numa escala de 10 em 10; determinadas contas mantêm a mesma escala, ou seja, diminuem em 10% o seu valor; já em outras contas o comportamento é diferente.

7.3 CAPITAL DE GIRO X RENTABILIDADE

Quociente de rentabilidade. O retorno sobre as necessidades de capital de giro.

Expressar a rentabilidade em termos absolutos tem uma utilidade informativa bastante reduzida. Afirmar que a Coca Cola S.A. teve um lucro líquido de, digamos, 10 bilhões de reais em 1.997 ou que Descamisados S.A. Indústria e Comércio teve um lucro de 2.000 reais, no mesmo período, pode impressionar no sentido de que todo mundo vai perceber que a Coca Cola é uma empresa grande e a Descamisados S.A. pequena, e só.

De maneira geral, portanto, devemos relacionar o lucro de um empreendimento com algum valor que demonstre a *dimensão* relativa da mesma, para analisar quão bem se saiu a empresa em determinado período. O melhor conceito de *dimensão* poderá ser ora o volume de receitas, ora o volume de ativo total, ora o valor do patrimônio líquido, ora as necessidades de capital de giro etc. Todos têm suas vantagens e desvantagens.

O fato é que, para determinadas finalidades, certos conceitos são melhores. No nosso caso nós queremos calcular o retorno sobre as necessidades de capital de giro, para verificar o retorno dos investimentos em capital de giro.

Quociente de retorno sobre as necessidades de capital de giro.

$$QRNCG = \frac{\text{lucro líquido}}{\text{Necessidades de cap.giro}}$$

Para exemplificar a aplicabilidade da análise e a rentabilidade, vamos trabalhar com uma indústria que comercializa dois produtos, produto A e B, e nós determinamos as atividades nos níveis de 100%, 90%, 80%, 70%, 60%.

Quando a empresa trabalha com 100% das atividades, significa que ela está trabalhando dentro da sua expectativa de mercado possível e também levando em consideração a capacidade instalada no setor produtivo.

Elaboramos um resumo de custo e receita nesses níveis e, posteriormente, calculamos o capital de giro para cada nível.

7.3.1 Resumo de Custo e Receita (base mensal)

Conta	100%	90%	80%	70%	60%
1- Receita Total	250.000,00	225.000,00	200.000,00	175.000,00	150.000,00
Produto A = 1.000 unid	90.000,00	81.000,00	72.000,00	63.000,00	54.000,00
Produto B = 2.000 unid.	160.000,00	144.000,00	128.000,00	112.000,00	96.000,00
2- Custo Total	193.635,00	179.062,00	164.489,00	149.916,00	135.343,00
2.1 Custo Fixo	47.905,00	47.905,00	47.905,00	47.905,00	47.905,00
- Água e luz	300,00	300,00	300,00	300,00	300,00
- Honorários contábeis	1.700,00	1.700,00	1.700,00	1.700,00	1.700,00
- Seguros	1.200,00	1.200,00	1.200,00	1.200,00	1.200,00
- Salários	18.300,00	18.300,00	18.300,00	18.300,00	18.300,00
- Encargos sociais s/sal.	14.980,00	14.980,00	14.980,00	14.980,00	14.980,00
- Pró-labore	7.000,00	7.000,00	7.000,00	7.000,00	7.000,00
- Encargos sociais s/p.l.	700,00	700,00	700,00	700,00	700,00
- Desp. Combustíveis	750,00	750,00	750,00	750,00	750,00
- Depreciação	1.580,00	1.580,00	1.580,00	1.580,00	1.580,00
- Outros Gastos	1.395,00	1.395,00	1.395,00	1.395,00	1.395,00
2.2 Custo Variável	145.730,00	131.157,00	116.584,00	102.011,00	87.438,00
- Matéria-prima prod. A	25.000,00	22.500,00	20.000,00	17.500,00	15.000,00
- Matéria-prima prod. B	46.000,00	41.400,00	36.800,00	32.200,00	27.600,00
- Material secundário A	8.000,00	7.200,00	6.400,00	5.600,00	4.800,00
- Material secundário B	14.000,00	12.600,00	11.200,00	9.800,00	8.400,00
- Embalagens produto A	1.100,00	990,00	880,00	770,00	660,00
- Embalagens produto B	4.400,00	3.960,00	3.520,00	3.080,00	2.640,00
- Pis 0,65% s/receita	1.625,00	1.462,50	1.300,00	1.137,50	975,00
- Cofins 2% s/receita	5.000,00	4.500,00	4.000,00	3.500,00	3.000,00
- Comissões s/vendas	5.000,00	4.500,00	4.000,00	3.500,00	3.000,00
- ICMS	35.605,00	32.044,50	28.484,00	24.923,50	21.363,00
3. Lucro Operacional	56.365,00	45.938,00	35.511,00	25.084,00	14.657,00
4. Contrib.Social 9,6%	5.411,00	4.410,00	3.409,05	2.408,10	1.407,10
5. Prov. p/Imp.Renda 15%	8.454,70	6.890,70	5.326,65	3.762,60	2.198,50
6. Lucro líquido (3-4-5)	42.499,30	34.637,30	26.775,30	18.913,20	11.051,40
7. Margem de contribuição	104.270,00	93.843,00	83.416,00	72.989,00	62.562,00

7.3.2 Quadro de necessidades de capital de giro – 100%

DISCRIMINAÇÃO	Base de Cálculo	Valor R$. 1,00
1. NECESSIDADES		
1.1 Necessidades Mínimas	3% s/demais necessid.	6.588,70
1.2 Estoq. de Matéria-Prima	Est.p/20 dias	47.333,30
1.3 Estoq. Mat. Secundário	Est.p/20 dias	14.666,70
1.4 Estoq. de Embalagens	Est.p/20 dias	3.666,70
1.5 Estoq. Prod.em Elaboração	ciclo prod. 4 dias	9.655,00
1.6 Estoq. Produtos Acabados	Est.p/10 dias	48.275,00
1.7 Financiamento às Vendas	50% prazo médio 30 dias	96.027,50
Total das Necessidades	/////////////////////	226.212,90
2. COBERTURAS		
2.1 Crédito de Fornecedores	90% compr.prazo m/30d.	88.650,00
2.2 Salários a Pagar	Pagamento no 5º dia útil	3.050,00
2.3 Impostos a Pagar - ICMS	média 12 dias	14.242,00
2.4 Desconto de Duplicatas	vendas a prazo desc.80%	90.000,00
2.5 Nec.Adic.Capital de Giro	Necess. - 2.1,22,23,2.4.	30.270,90
Total das Coberturas	/////////////////////	226.212,50

7.3.2.1 Base de Cálculo

1.1 Necessidade mínimas
3% sobre as demais necessidades
R$ 219.264,20 x 3% = 6.588,70

1.2 Estoque de matéria-prima
Estocagem para um período de produção de 20 dias.
R$ 71.000,00 / 30 x 20 dias = R$ 47.333,30

1.3 Estoque de material secundário
Estocagem para um período de produção de 20 dias.
R$ 22.000,00 / 30 x 20 dias = R$ 14.666,70

1.4 Estoque de material de embalagens
Estocagem para um período de produção de 20 dias
R$ 5.500,00 / 30 x 20 dias = R$ 3.666,70

1.5 Estoque de Produtos em elaboração
Estocagem ref. ao ciclo produtivo de 4 dias.
R$ 193.635,00 - (1.580,00+1.625,00+5.000,00+5.000,00+35.605,00)
= 144.825,00 / 2 / 30 dias x 4 dias = R$ 9.655,00

1.6 Estoque de produtos acabados
Estocagem para 10 dias.
R$ 144.825,00 / 30 dias x 10 dias = R$ 48.275,00

1.7 Financiamento às vendas
50% das vendas são a prazo e este é um prazo médio de 30 dias.
R$ 193.635,00 - 1.580,00 x 50% = R$ 96.027,50

2.1 Crédito de Fornecedores
90% das compras são a prazo, sendo médio de 30 dias.
R$ 98.500,00 x 90% = R$ 88.650,00

2.2 Salários a Pagar
A empresa paga os salários no 5° dia útil do mês seguinte.
R$ 18.300,00 / 30 dias x 5 dias = R$ 3.050,00

2.3 Impostos a pagar
Icms R$ 35.605,00 / 30 dias x 12 dias = R$ 14.242,00

2.4 Desconto de Duplicatas
Das vendas a prazo 80% são descontadas em banco com uma
taxa de 10%.
R$ 250.000,00 x 50% x 80% x 90% = R$ 90.000,00

2.5 Adicional de Capital de giro
Total das necessidades menos 2.1, 2.2, 2.3, 2.4.
R$ 226.212,90 - (88.650,00+3.050,00+14.242,00+90.000,00)
= R$ 30.270,90

7.3.3 Quadro de necessidades de capital de giro – 90%

DISCRIMINAÇÃO	Base de Cálculo	Valor R$. 1,00
1. NECESSIDADES		
1.1 Necessidades Mínimas	3% s/demais necessid.	6.054,90
1.2 Estoq. de Matéria-Prima	Est.p/20 dias	42.600,00
1.3 Estoq. Mat. Secundário	Est.p/20 dias	13.200,00
1.4 Estoq. de Embalagens	Est.p/20 dias	3.300,00
1.5 Estoq. Prod.em Elaboração	ciclo prod. 4 dias	8.998,30
1.6 Estoq. Produtos Acabados	Est.p/10 dias	44.991,70
1.7 Financiamento às Vendas	50% prazo médio 30 dias	88.741,00
Total das Necessidades	////////////////////	207.885,90
2. COBERTURAS		
2.1 Crédito de Fornecedores	90% compr.prazo m/30d.	79.785,00
2.2 Salários a Pagar	Pagamento no 5º dia útil	3.050,00
2.3 Impostos a Pagar - ICMS	média 12 dias	12.817,80
2.4 Desconto de Duplicatas	vendas a prazo desc.80%	81.000,00
2.5 Nec.Adic.Capital de Giro	Necess. - 2.1,22,23,2.4.	31.233,10
Total das Coberturas	////////////////////	207.885,90

7.3.3.1 Base de Cálculo

1.1   Necessidades mínimas
3% sobre as demais necessidades.
R$ 201.831,00 x 3% = R$ 6.054,90

1.2   Estoque de matéria-prima
Estocagem para um período de produção de 20 dias.
R$ 63.900,00 / 30 x 20 dias = R$ 42.600,00

1.3   Estoque de material secundário
Estocagem para um período de produção de 20 dias.
R$ 19.800,00 / 30 x 20 dias = R$ 13.200,00

1.4 Estoque de material de embalagens
Estocagem para um período de produção de 20 dias.
R$ 4.950,00 / 30 x 20 dias = R$ 3.300,00

1.5 Estoque de Produtos em elaboração
Estocagem ref. ao ciclo produtivo de 4 dias.
R$ 179.062,00 - (1.580,00 + 1.462,50 + 4.500,00 + 4.500,00 + 32.044,50)
= 134.975,00 / 2 / 30 dias x 4 dias = R$ 8.998,30

1.6 Estoque de produtos acabados
Estocagem para 10 dias.
R$ 134.975,00 / 30 dias x 10 dias = R$ 44.991,70

1.7 Financiamento às vendas
50% das vendas são a prazo e este é um prazo médio de 30 dias.
R$ 179.062,00 - 1.580,00 x 50% = R$ 88.741,00

2.1 Crédito de Fornecedores
90% das compras são a prazo, sendo médio de 30 dias.
R$ 88.650,00 x 90% = 79.785,00

2.2 Salários a Pagar
A empresa paga os salários no 5° dia útil do mês seguinte.
R$ 18.300,00 / 30 dias x 5 dias = R$ 3.050,00

2.3 Impostos a pagar
Icms   R$ 32.044,50 / 30 dias x 12 dias = R$ 12.817,50

2.4 Desconto de Duplicatas
50% das vendas s/prazo médio 30 dias desconto.
80% taxa de 10% a.m.
R$ 225.000,00 x 50% x 80% x 90% = R$ 81.000,00

2.5 Adicional de Capital de giro
Total das necessidades menos 2.1, 2.2, 2.3, 2.4.
R$. 207.885,90 - (79.785,00 + 3.050,00 + 12.817,80 + 81.000,00) =
R$ 31.233,10

7.3.4 Quadro de necessidades de capital de giro – 80%

DISCRIMINAÇÃO	Base de Cálculo	Valor R$. 1,00
1. NECESSIDADES		
1.1 Necessidades Mínimas	3% s/demais necessid.	5.522,30
1.2 Estoq. de Matéria-Prima	Est.p/20 dias	37.866,70
1.3 Estoq. Mat. Secundário	Est.p/20 dias	11.773,30
1.4 Estoq. de Embalagens	Est.p/20 dias	2.933,30
1.5 Estoq. Prod.em Elaboração	ciclo prod. 4 dias	8.341,70
1.6 Estoq. Produtos Acabados	Est.p/10 dias	41.708,30
1.7 Financiamento às Vendas	50% prazo médio 30 dias	81.454,50
Total das Necessidades	/////////////////////	189.600,10
2. COBERTURAS		
2.1 Crédito de Fornecedores	90% compr.prazo m/30d.	70.920,00
2.2 Salários a Pagar	Pagamento no 5º dia útil	3.050,00
2.3 Impostos a Pagar - ICMS	média 12 dias	11.393,60
2.4 Desconto de Duplicatas	vendas a prazo desc.80%	72.000,00
2.5 Nec.Adic.Capital de Giro	Necess. - 2.1,22,23,2.4.	32.236,50
Total das Coberturas	/////////////////////	189.600,10

7.3.4.1 Base de Cálculo

1.1 Necessidades mínimas
3% sobre as demais necessidades.
R$ 184.077,80 x 3% = R$ 5.522,30

1.2 Estoque de matéria-prima
Estocagem para um período de produção de 20 dias.
R$ 56.800,00 / 30 x 20 dias = R$ 37.866,70

1.3 Estoque de material secundário
Estocagem para um período de produção de 20 dias.
R$ 17.600,00 / 30 x 20 dias = R$ 11.773,30

1.4 Estoque de material de embalagens
Estocagem para um período de produção de 20 dias.
R$ 4.400,00 / 30 x 20 dias = R$ 2.933,30

1.5 Estoque de Produtos em elaboração
Estocagem ref. ao ciclo produtivo de 4 dias.
R$164.489,00 - (1.580,00+1.300,00+4.000,00+4.000,00+28.484,00)
= 125.125,00 / 2 / 30 dias x 4 dias = R$ 8.341,70

1.6 Estoque de produtos acabados
Estocagem para 10 dias.
R$ 125.125,00 / 30 dias x 10 dias = R$ 41.708,30

1.7 Financiamento às vendas
50% das vendas são a prazo e este é um prazo médio de 30 dias.
R$ 164.489,00 - 1.580,00 x 50% = R$ 81.454,50

2.1 Crédito de Fornecedores
90% das compras são a prazo, sendo médio de 30 dias.
R$ 78.800,00 x 90% = R$ 70.920,00

2.2 Salários a Pagar
A empresa paga os salários no 5º dia útil do mês seguinte.
R$ 18.300,00 / 30 dias x 5 dias = R$ 3.050,00

2.3 Impostos a pagar
Icms   R$ 28.484,00 / 30 dias x 12 dias = R$ 11.393,60

2.4 Desconto de Duplicatas
50% vendas a prazo, médio 30 dias, sendo desc. 80% a taxa de 10% a.m.
R$ 200.000,00 x 50% x 80% x 90% = R$ 72.000,00

2.5 Adicional de Capital de giro
Total das necessidades menos 2.1, 2.2, 2.3, 2.4.
R$ 189.600,10 - (70.920,00 + 3.050,00 + 11.393,60 + 72.000,00)
= R$ 32.236,50

7.3.5 Quadro de necessidades de capital de giro – 70%

DISCRIMINAÇÃO	Base de Cálculo	Valor R$. 1,00
1. NECESSIDADES		
1.1 Necessidades Mínimas	3% s/demais necessid.	4.987,30
1.2 Estoq. de Matéria-Prima	Est.p/20 dias	33.133,30
1.3 Estoq. Mat. Secundário	Est.p/20 dias	10.266,70
1.4 Estoq. de Embalagens	Est.p/20 dias	2.566,70
1.5 Estoq. Prod.em Elaboração	ciclo prod. 4 dias	7.685,00
1.6 Estoq. Produtos Acabados	Est.p/10 dias	38.425,00
1.7 Financiamento às Vendas	50% prazo médio 30 dias	74.168,00
Total das Necessidades	/ / / / / / / / / / / / / / / / /	171.232,00
2. COBERTURAS		
2.1 Crédito de Fornecedores	90% compr.prazo m/30d.	62.055,00
2.2 Salários a Pagar	Pagamento no 5º dia útil	3.050,00
2.3 Impostos a Pagar - ICMS	média 12 dias	9.969,40
2.4 Desconto de Duplicatas	vendas a prazo desc.80%	63.000,00
2.5 Nec.Adic.Capital de Giro	Necess. - 2.1,22,23,2.4.	33.157,60
Total das Coberturas	/ / / / / / / / / / / / / / / / /	171.232,00

7.3.5.1 Base de Cálculo

1.1 Necessidades mínimas
3% sobre as demais necessidades.
R$ 166.244,70 x 3% = R$ 4.987,30

1.2 Estoque de matéria-prima
Estocagem para um período de produção de 20 dias.
R$ 49.700,00 / 30 x 20 dias = R$ 33.133,30

1.3 Estoque de material secundário
Estocagem para um período de produção de 20 dias.
R$ 15.400,00 / 30 x 20 dias = R$ 10.266,70

1.4 Estoque de material de embalagens
Estocagem para um período de produção de 20 dias.
R$ 3.850,00 / 30 x 20 dias = R$ 2.566,70

1.5 Estoque de Produtos em elaboração
Estocagem ref. ao ciclo produtivo de 4 dias.
R$149.916,00 - (1.580,00+1.137,50+3.500,00+3.500,00+24.923,50)
= 115.275,00 / 2 / 30 dias x 4 dias = R$ 7.685,00

1.6 Estoque de produtos acabados
Estocagem para 10 dias.
R$ 115.275,00 / 30 dias x 10 dias = R$ 38.425,00

1.7 Financiamento às vendas
50% das vendas são a prazo e este é um prazo médio de 30 dias.
149.916,00 - 1.580,00 x 50% = R$ 74.168,00

2.1 Crédito de Fornecedores
90% das compras são a prazo, sendo médio de 30 dias.
R$ 68.950,00 x 90% = R$ 62.055,00

2.2 Salários a Pagar
A empresa paga os salários no 5º dia útil do mês seguinte.
R$ 18.300,00 / 30 dias x 5 dias = R$ 3.050,00

2.3 Impostos a pagar
Icms   R$ 24.923,50 / 30 dias x 12 dias = R$ 9.969,40

2.4 Desconto de Duplicatas
50% vendas a prazo, médio 30 dias, sendo desc.80% a taxa de 10% a.m.
R$ 175.000,00 x 50% x 80% x 90% = R$ 63.000,00

2.5 Adicional de Capital de giro
Total das necessidades menos 2.1, 2.2, 2.3, 2.4.
R$. 171.232,00 - (62.055,00 + 3.050,00 + 9.969,40 + 63.000,00) =
R$ 33.157,60

7.3.6 Quadro de necessidades de capital de giro – 60%

DISCRIMINAÇÃO	Base de Cálculo	Valor R$ 1,00
1. NECESSIDADES		
1.1 Necessidades Mínimas	3% s/demais necessid.	4.453,50
1.2 Estoq. de Matéria-Prima	Est.p/20 dias	28.400,00
1.3 Estoq. Mat. Secundário	Est.p/20 dias	8.800,00
1.4 Estoq. de Embalagens	Est.p/20 dias	2.200,00
1.5 Estoq. Prod.em Elaboração	ciclo prod. 4 dias	7.028,30
1.6 Estoq. Produtos Acabados	Est.p/10 dias	35.141,70
1.7 Financiamento às Vendas	50% prazo médio 30 dias	66.881,50
Total das Necessidades	/////////////////////	152.905,00
2. COBERTURAS		
2.1 Crédito de Fornecedores	90% compr.prazo m/30d.	53.190,00
2.2 Salários a Pagar	Pagamento no 5º dia útil	3.050,00
2.3 Impostos a Pagar - ICMS	média 12 dias	8.545,20
2.4 Desconto de Duplicatas	vendas a prazo desc.80%	54.000,00
2.5 Nec.Adic.Capital de Giro	Necess. - 2.1,22,23,2.4.	34.119,80
Total das Coberturas	/////////////////////	152.905,00

7.3.6.1 Base de Cálculo

1.1 Necessidades mínimas
3% sobre as demais necessidades.
R$ 148.451,50 x 3% = R$ 4.453,50

1.2 Estoque de matéria-prima
Estocagem para um período de produção de 20 dias.
R$ 42.600,00 / 30 x 20 dias = R$ 28.400,00

1.3 Estoque de material secundário
Estocagem para um período de produção de 20 dias.
R$ 13.200,00 / 30 x 20 dias = R$ 8.800,00

1.4 Estoque de material de embalagens
Estocagem para um período de produção de 20 dias.
R$ 3.300,00 / 30 x 20 dias = R$ 2.200,00

1.5 Estoque de Produtos em elaboração
Estocagem ref. ao ciclo produtivo de 4 dias.
R$ 135.343,00 - (1.580,00+975,00+3.000,00+3.000,00+ 21.363,00)
= 105.425,00 / 2 / 30 dias x 4 dias = R$ 7.028,30

1.6 Estoque de produtos acabados
Estocagem para 10 dias.
R$ 105.425,00 / 30 dias x 10 dias = R$ 35.141,70

1.7 Financiamento às vendas
50% das vendas são a prazo e este é um prazo médio de 30 dias.
R$ 135.343,00 - 1.580,00 x 50% = R$ 66.881,50

2.1 Crédito de Fornecedores
90% das compras são a prazo, sendo médio de 30 dias.
R$ 59.100,00 x 90% = R$ 53.190,00

2.2 Salários a Pagar
A empresa paga os salários no 5º dia útil do mês seguinte.
R$ 18.300,00 / 30 dias x 5 dias = R$ 3.050,00

2.3 Impostos a pagar
Icms   R$ 21.363,00 / 30 dias x 12 dias = R$ 8.545,20

2.4 Desconto de Duplicatas
50% vendas a prazo, médio 30 dias, sendo desc. 80% a taxa de 10% a.m.
R$ 150.000,00 x 50% x 80% x 90% = R$ 54.000,00

2.5 Adicional de Capital de giro
Total das necessidades menos 2.1, 2.2, 2.3, 2.4.
R$. 152.905,00 - (53.190,00 + 3.050,00 + 8.545,20 + 54.000,00) =
R$ 34.119,80

7.4 ANÁLISE DO CAPITAL DE GIRO

7.4.1 Resumo do capital de giro nos níveis

Contas	100%	90%	80%	70%	60%
Total das necessidades	226.212,90	207.885,90	189.600,10	171.232,00	152.905,00
- Necessidades mínimas	6.588,70	6054,90	5.522,30	4.987,30	4.453,50
- Estoque de matéria-prima	47.333,30	42.600,00	37.866,70	33.133,30	28.400,00
- Estoque mat.secundário	14.666,70	13.200,00	11.773,30	10.266,70	8.800,00
- Estoque de embalagens	3.666,70	3.300,00	2.933,30	2.566,70	2.200,00
- Estoque prod.em elaboraç.	9.655,00	8.998,30	8.341,70	7.685,00	7.028,30
- Estoque prod. acabados	48.275,00	44.991,70	41.708,30	38.425,00	35.141,70
- Financiamento às vendas	96.027,50	88.741,00	81.454,50	74.168,00	66.881,50
Total das Coberturas	226.212,90	207.885,90	189.600,10	171.232,00	152.905,00
- Crédito de fornecedores	88.650,00	79.785,00	70.920,00	62.055,00	53.190,00
- Salários a Pagar	3.050,00	3.050,00	3.050,00	3.050,00	3.050,00
- ICMS a Recolher	14.242,00	12.817,80	11.393,60	9.969,40	8.545,20
- Desconto de duplicatas	90.000,00	81.000,00	72.000,00	63.000,00	54.000,00
- Nec.adic.cap.giro	30.027,90	31.233,10	32.236,50	33.157,60	34.119,80

7.4.2 Análise vertical do capital de giro

Contas	100%	90%	80%	70%	60%
Total das necessidades	100,00	100,00	100,00	100,00	100,00
- Necessidades mínimas	2,91	2,91	2,91	2,91	2,91
- Estoque de matéria-prima	20,92	20,49	19,97	19,35	18,57
- Estoque mat.secundário	6,48	6,35	6,21	6,00	5,76
- Estoque de embalagens	1,62	1,59	1,55	1,50	1,44
- Estoque prod.em elaboraç.	4,27	4,33	4,40	4,49	4,60
- Estoque prod. acabados	21,34	21,64	22,00	22,44	22,98
- Financiamento às vendas	42,46	42,69	42,96	43,31	43,74
Total das Coberturas	100	100	100	100	100
- Crédito de fornecedores	39,19	38,38	37,41	36,24	34,79
- Salários a Pagar	1,35	1,47	1,61	1,78	1,99
- ICMS a Recolher	6,30	6,17	6,10	5,82	5,59
- Desconto de duplicatas	39,79	38,96	37,97	36,80	35,32
- Nec.adic.cap.giro	13,28	15,02	17,00	19,36	22,31

7.4.3 Análise horizontal do capital de giro

Contas	100%	90%	80%	70%	60%
Total das necessidades	100,00	91,90	83,81	75,69	67,59
- Necessidades mínimas	100,00	91,90	83,81	75,69	67,59
- Estoque de matéria-prima	100,00	90,00	80,00	70,00	60,00
- Estoque mat.secundário	100,00	90,00	80,27	70,00	70,00
- Estoque de embalagens	100,00	90,00	80,00	70,00	60,00
- Estoque prod.em elaboraç.	100,00	93,20	86,39	79,60	72,79
- Estoque prod. acabados	100,00	93,20	86,40	79,60	72,79
- Financiamento às vendas	100,00	92,41	84,82	77,24	69,65
Total das Coberturas	100,00	91,90	83,81	75,69	67,59
- Crédito de fornecedores	100,00	90,00	80,00	70,00	60,00
- Salários a Pagar	100,00	100,00	100,00	100,00	100,00
- ICMS a Recolher	100,00	90,00	80,00	70,00	60,00
- Desconto de duplicatas	100,00	90,00	80,00	70,00	60,00
- Nec.adic.de capital de giro	100,00	104,00	107,35	110,40	113,63

> **Observação:**
>
> Tanto na análise vertical quanto na horizontal, nós observamos as contas que não mantêm o comportamento nos mesmos níveis de diminuição das atividades. Justificam, por exemplo: a medida que diminuem as atividades, as necessidades adicionais de capital de giro aumentam.

7.4.4 Quociente de retorno sobre as necessidades de capital de giro

$$QRNCG = \frac{\text{lucro líquido}}{\text{Necessidades de cap.giro}}$$

Item	Volume de atividades	Lucro líquido	Necessidades cap.giro
01	100%	42.499,30	226.212,90
02	90%	34.637,30	207.885,90
03	80%	26.775,30	189.600,10
04	70%	18.913,20	171.232,00
05	60%	11.051,40	152.905,00

7.4.4.1 QRNCG - Quociente de retorno das necessidades de capital de giro

1) QRNCG = $\dfrac{42.499,30}{226.212,90}$ = 0,1879

2) QRNCG = $\dfrac{34.637,30}{207.885,90}$ = 0,1666

3) QRNCG = $\dfrac{26.775,30}{189.600,10}$ = 0,1412

4) QRNCG = $\dfrac{18.913,20}{171.232,00}$ = 0,1105

5) QRNCG = $\dfrac{11.051,40}{152.905,00}$ = 0,0723

Observação:

A interpretação do quociente de retorno das necessidades de capital de giro, significa o quanto representa o lucro líquido em relação às necessidades, ou seja, no exemplo nosso, quando a empresa trabalha com 100% de sua capacidade instalada, o lucro líquido representa 18,79%.

7.5. DECISÕES PARA REDUZIR A NECESSIDADE DE CAPITAL DE GIRO

Para diminuir as necessidades de capital de giro, algumas decisões devem ser tomadas, tais como:

Reduzir o período de estocagem de:
- a) matéria-prima;
- b) material secundário;
- c) embalagens;
- d) produtos acabados.

Reduzir o período do ciclo produtivo - para que essa redução seja possível, é importante verificar o processo produtivo: se algum setor pode ser melhorado para agilizar a produção, ou através de novos equipamentos; e para isso tem-se que analisar o custo dos investimentos se não onera muito inviabilizando-se etc.

Reduzir os prazos nas vendas, isto se essa redução não tem como conseqüência a dificuldade de a empresa atingir o mercado, inviabilizando.

O que deve ficar claro é a necessidade de avaliar se as medidas citadas podem ser implantadas na empresa, sempre tomando cuidado para não gerar conseqüências desfavoráveis.

7.6 ALAVANCAGEM OPERACIONAL X ALAVANCAGEM DO CAPITAL DE GIRO

Alavancagem operacional é a relação existente entre o percentual de aumento da lucratividade em relação ao percentual de aumento das atividades da empresa.

Exemplo:

Se aumentarmos as atividades da empresa em 5% e esse aumento proporcionar um aumento na lucratividade da empresa em 10%, o grau de alavancagem operacional é determinado pela fórmula:

$$GAO = \frac{\% \text{ de aumento da lucratividade}}{\% \text{ de aumento das atividades}}$$

$$GAO = \frac{10}{5} = 2$$

Alavancagem do capital de giro é a relação existente entre o percentual de aumento das necessidades de capital de giro em relação ao aumento das atividades.

Exemplo:

Se aumentarmos as atividades da empresa em 10% e as necessidades de capital de giro em conseqüência aumentarem em 8%, o grau de alavancagem do capital de giro é:

$$GANCG = \frac{8}{10} = 0,8$$

GAO = Grau de alavancagem operacional

GANCG = Grau de alavancagem das necessidades de capital de giro.

7.6.1 Análise da alavancagem operacional

% Atividades	Lucro líquido	Part.%	% Aumento
60	11.051,40	100,00	0,00
70	18.913,20	171,14	71,14
80	26.775,30	242,28	142,28
90	34.637,30	313,42	213,42
100	42.499,30	384,56	284,56

7.6.2 Grau de alavancagem operacional

1) Aumentando o nível de atividades de 60% para 70%

$$GAO = \frac{71,14}{10} = 7,11$$

2) Aumentando o nível de atividades de 60% para 80%

$$GAO = \frac{142,28}{20} = 7,11$$

3) Aumentando o nível de atividades de 60% para 90%

$$GAO = \frac{213,42}{30} = 7,11$$

4) Aumentando o nível de atividades de 60% para 100%

$$GAO = \frac{284,56}{40} = 7,11$$

Observação:

Pelo que nós demonstramos nos cálculos da alavancagem operacional, fica bem claro que, um aumento no volume de atividades, nesse caso de 10%, tem como resultado uma alavancagem operacional de 7,11.

7.6.3 Alavancagem das necessidades de capital de giro

% de Ativid.	Nec.Cap.Giro	Part. em %	Aumento
60	152.905,00	100	-
70	171.232,00	112	12
80	189.600,00	124	24
90	207.885,90	136	36
100	226.217,90	148	48

7.6.4 Grau de alavancagem do capital de giro

1) Aumento do nível de atividade de 60% para 70%

$$GANCG = \frac{12}{10} = 1,2$$

2) Aumento do nível de atividade de 60% para 80%

$$GANCG = \frac{24}{20} = 1,2$$

3) Aumento do nível de atividade de 60% para 90%

$$GANCG = \frac{36}{30} = 1,2$$

4) Aumento do nível de atividades de 60% para 100%

$$GANCG = \frac{48}{40} = 1,2$$

Planejamento

*O que diferencia os países em desenvolvimento das nações
desenvolvidas é que estes têm – e aqueles não –
uma ciência moderna e uma economia também moderna.*

Maquiavel

8. Planejamento

Uma etapa importante na administração empresarial é o momento em que se verifica a capacidade da empresa em participar no mercado cada vez mais competitivo, ou seja, industrializar e comercializar os seus produtos.

O levantamento da capacidade operacional bem como os recursos existentes e necessários como máquinas, equipamentos, instalações, capital de giro etc. da empresa são identificados e detectados no planejamento operacional da empresa.

8.1. CONCEITO

Planejamento é o esquema econômico em que as organizações dos fatores de produção são controlados ou direcionados por uma autoridade central.

Planejamento consiste na fixação de metas globais a serem atingidas pela empresa em determinado período de tempo. Varia de acordo com as características da empresa (comércio, indústria, serviços etc.).

Segundo o professor Dejalma de Pinho Rebouças de Oliveira, o planejamento pode ser considerado como um processo desenvolvido para o alcance de uma situação desejada, de um modo mais eficiente e efetivo, com a melhor concentração de esforços e recursos da empresa.

O planejamento é um processo de estabelecimento de um estado futuro desejado e um delineamento dos meios efetivos de torná-lo realidade justifica que ele anteceda à decisão e à ação.

8.2. TIPOS DE PLANEJAMENTO

Na consideração dos níveis de planejamento podem se distinguir três tipos de planejamento.

a) planejamento estratégico;
b) planejamento tático;
c) planejamento operacional.

8.2.1 Planejamento estratégico

O planejamento estratégico pode ser conceituado como um processo gerencial que possibilita ao executivo estabelecer um rumo a ser seguido pela empresa, com vistas a obter um nível de otimização na relação da empresa com o seu ambiente.

No planejamento estratégico são estabelecidas as metas e os objetivos gerais da empresa, são os objetivos macroeconômicos da empresa. No planejamento estratégico não se verificam os detalhes das metas e sim o objetivo geral a ser atingido.

8.2.2 Planejamento tático

O planejamento tático tem por objetivo otimizar determinada área de resultado e não a empresa como um todo.

O planejamento tático trabalha com departamentos da empresa, departamentos esses definidos no planejamento estratégico. Por exemplo: o estratégico define uma meta de atingir, no ano 2.000 (dois mil) uma venda média de 20.000 (vinte mil) unidades do produto B; o planejamento tático vai trabalhar com o departamento de vendas visando atingir esse objetivo.

O planejamento tático é desenvolvido em níveis organizacionais, tendo como base a utilização eficiente dos recursos disponíveis para a consecução de objetivos previamente fixados.

8.2.3 Planejamento operacional

O planejamento operacional corresponde a um conjunto de partes homogêneas do planejamento tático.

O planejamento operacional deve conter com detalhes:

- os recursos necessários para o seu desenvolvimento e implantação;
- os procedimentos básicos a serem adotados;
- os produtos ou resultados finais esperados;
- os prazos estabelecidos;
- os responsáveis pela sua execução e implantação.

8.3 INSTITUCIONALIZAÇÃO DO PROCESSO DE PLANEJAMENTO

Corresponde a um conjunto de medidas necessárias à efetiva implantação do planejamento, destacando-se:

- a explicitação do processo de planejamento;
- a formalização de um grupo de apoio ao processo;
- a abordagem a ser seguida;
- a adoção de uma linguagem comum;
- a definição das etapas do planejamento.

Explicitação do processo de planejamento: constitui uma etapa do processo em que todos os participantes discutem a definição do conteúdo do planejamento, os procedimentos a serem adotados, as atribuições e responsabilidades de cada área, o calendário e os instrumentos a serem utilizados. Essa etapa deve ser previamente delineada e explicitada com muito zelo, uma vez que o envolvimento e participação no processo são em grande parte resultantes da maneira como ela é conduzida.

A comunicação deve ser clara, uma vez que o planejamento requer habilitações em níveis diferenciados. A diferenciação de habilitações é necessária, a fim de que o processo a ser implementado englobe instrumentos e recursos adequados para:

- analisar o ambiente externo;
- analisar o ambiente interno;
- proporcionar meios para rever continuamente o sentido da missão;
- fornecer elementos para a elaboração de filosofias e políticas;
- fixar objetivos que correspondam a oportunidades de atuação da organização e a vontade de seus membros;

- estimular a seleção de estratégias viáveis e que possam ser mensuradas face aos objetivos previamente estipulados;

- estimular o comportamento sinergético e harmônico das áreas funcionais, através da formulação de metas e ações setoriais;

- permitir a definição da contrapartida financeira, elaborando um orçamento adequado para viabilizar a execução de sua missão;

- estabelecer parâmetros de avaliação e controle, e atribuições de responsabilidade.

Formalização do Processo: para que o planejamento seja efetivamente implantado, é necessário criar uma organização específica com a finalidade de coordenar todo o processo. Essa organização deverá formalizar um grupo de apoio ao seu processo. Deverão ser definidas as responsabilidades de cada integrante do grupo. Os problemas e as disfunções devem ser eliminados, minimizados, ou mantidos sob o controle do grupo de maneira que os seguintes mecanismos possam ser adotados:

- enfoque sistêmico, em contraposição às experiêcias setoriais e estanques;

- comprometimento do quadro diretivo e a co-responsabilidade, a participação e o envolvimento dos níveis gerenciais;

- criação de um clima favorável ao processo;

- busca sistemática do comportamento pró-ativo da organização.

Abordagem a ser seguida: a abordagem a ser seguida pode ter dois tipos de configurações relacionadas, mas com sentido diferenciado. O primeiro indica a verticalidade do planejamento; o segundo, a sua integração.

Adoção de uma linguagem comum: consiste no desenvolvimento e na adoção de conceitos e de posturas relacionadas ao planejamento. É importante que todos os participantes do planejamento conheçam o significado de cada um dos termos usuais, além de chegarem a um mesmo denominador sobre suas ações.

Definição das etapas do planejamento: o processo de planejamento deve seguir as características próprias de cada empresa. A localização da empresa, o porte, a maneira da diretoria administrar, tipo de atividade desenvolvida etc. As etapas do planejamento, contudo, seguem a mesma maneira, mas entre elas a mais importante para o nosso estudo

é a etapa dos orçamentos ou projeções, tendo em vista que para identificar as necessidades de capital de giro nós precisamos dos orçamentos. A seguir apresentamos etapas do planejamento:
- Definição da missão da empresa;
- Análise do ambiente externo;
- Análise do ambiente interno;
- Elaboração de filosofias e políticas;
- Definição de objetivos;
- Seleção de estratégias;
- Formulação de metas e ações setoriais;
- Elaboração de orçamento;
- Definição de parâmetros de avaliação;
- Formulação de um sistema de gerenciamento de responsabilidades;
- Implantação.

8.3.1 Orçamentos - planejamento operacional

O orçamento é o mecanismo utilizado pelo administrador da empresa para elaborar o planejamento operacional. Elaborar orçamento é atribuir e alocar os valores financeiros correspondentes à consecução das metas e ao desempenho operacional das ações setoriais.

O planejamento operacional é um conjunto de partes elaboradas numa seqüência lógica e ordenada, conforme se segue:
1- estudo de mercado;
2- análise dos investimentos fixos;
3- análise dos investimentos em capital de giro;
4- Determinação da programação de produção e receita operacional;
5- Identificação dos custos fixos e variáveis;
6- Elaboração do fluxo de caixa operacional;
7- Análise dos resultados do planejamento (retorno);
8- Equipe técnica responsável pelo planejamento.

Fontes e Mecanismos de Financiamento de Capital de Giro

Todas as flores do futuro estão nas sementes de hoje.

Provérbio Chinês

9. Fontes e Mecanismos de Financiamento de Capital de Giro

As necessidades líquidas de capital de giro (NLCG) de uma empresa podem ser financiadas através de dois tipos de fontes principais.

Fontes
- internas
  - lucros
  - rotatividade dos itens circulantes
- externas
  - recursos próprios
  - recursos de terceiros

O diagrama a seguir ilustra e permite visualizar melhor as necessidades líquidas de capital de giro (NLCG) e suas fontes de financiamento.

Aplicações de capital de giro	Fontes de capital de giro
(a) Contas a receber (duplicatas a receber etc.)	(b) Fornecedores
(a) Estoques (matéria-prima, mat. secundário, produtos em elaboração, prod. acabados etc.)	(b) Obrigações fiscais, obrigações trabalhistas etc.
(a) Outros	© Financiamentos

(a) Investimento total em capital de giro realizado pela empresa, deduzido os ativos disponíveis (dinheiro em caixa, banco/conta corrente, aplicações a curto prazo etc.).

(b) Financiamento de capital de giro proveniente de fornecedores, obrigações fiscais (ICMS a recolher, Pis a recolher, cofins a recolher etc.), obrigações trabalhistas (salários a pagar, INSS a recolher, Férias a Pagar, FGTS a depositar etc.).

© Necessidades de financiamento que a empresa necessita obter para fazer frente ao investimento realizado em capital de giro.

Para financiar as necessidades líquidas de capital de giro, a empresa pode contar com linhas de crédito nas instituições financeiras conforme nós apresentamos algumas linhas:
- Sistema BNDES;
- Factoring;
- CEF Giro – Caixa Econômica Federal;
- Micro/Giro – Caixa Econômica Federal;
- Proger - Banco do Brasil/Sebrae;
- Capital de giro Parcelado – Sudameris;
- Capital de giro – Sufixo – Sudameris;
- Fundos Constitucionais (F.C.O, F.N.O etc.).

9.1 SISTEMA BNDES - BANCO NACIONAL DE DESENVOLVIMENTO ECONÔMICO E SOCIAL (CAPITAL DE GIRO ASSOCIADO A INVESTIMENTOS)

9.1.1 Definição e porte das empresas apoiáveis

O Sistema BNDES, através do Banco Nacional de Desenvolvimento Econômico e Social, apóia empresas nacionais e estrangeiras, de micro à grande porte, classificadas da seguinte forma:
– de direito privado, sediada no País, cujo controle seja exercido por pessoas físicas domiciliadas no País ou no exterior;
– de direito público;
– binacional, de acordo com o Estatuto das Empresas Binacionais Brasileiro-Argentinas, aprovado pelo Decreto Legislativo nº 26, de 25-5-92, do Congresso Nacional, promulgado pelo Decreto nº 619, de 26-7-92.
Quanto ao porte das empresas apoiadas, obedece a uma classificação em função de sua receita operacional líquida anual:

Porte da empresa	Receita operacional líquida anual (R$ x 10)
Pequena	até 4.000
Média	acima de 4.000 e até 15.000
Grande	acima de 15.000

> **Observação:**
> Independente do porte por receita operacional líquida, a empresa terá tratamento de grande empresa quando seu patrimônio líquido for superior a R$ 30.000.000,00 (trinta milhões de reais).

9.1.2 Condições gerais

As condições de apoio estão ainda subordinadas a uma diferenciação regional, assim determinadas pelo BNDES:

– **Região I**: Acre, Amazonas, Rondônia, Roraima, Amapá, Pará, Maranhão, Piauí, Ceará, Rio Grande do Norte, Paraíba, Pernambuco, Alagoas, Sergipe, Bahia, Espírito Santo, Mato Grosso, Mato Grosso do Sul, Goiás, Distrito Federal, Tocantins e Minas Gerais (região da área da Sudene);

– **Região II**: Rio Grande do Sul, Santa Catarina, Paraná, São Paulo, Rio de Janeiro e Minas Gerais (exceto a região da área da Sudene).

Operacionalmente, a modalidade de apoio poderá ser:

– **direta**: através do BNDES, com financiamento superior a R$ 3.000.000,00 (três milhões de reais);
– **indireta**: através da rede de Agentes Financeiros credenciados junto ao BNDES (bancos de desenvolvimento, bancos de investimentos, bancos múltiplos, bancos comerciais e financeiras), com financiamento inferior a R$ 3.000.000,00 (três milhões de reais);
– **mista**: onde o BNDES participa em conjunto com seus agentes financeiros, com financiamento superior a R$ 3.000.000,00 (três milhões de reais).

O BNDES exigirá das empresas financiadas constituições de garantias (mínimo de 130% do valor do financiamento) cumulativo ou alternativamente de:
– hipoteca, penhor, alienação fiduciária ou caução de títulos;
– fiança ou aval;
– cessão de recursos financeiros.

9.1.3 Requisitos para financiamento de capital de giro

O BNDES não possui linha destinada a financiar somente capital de giro, entretanto, a empresa poderá obter esses recursos quando:
— o capital de giro estiver associado a investimentos fixos;
— forem destinados à recomposição do giro operacional da empresa;[18]
— se tratar de reestruturação da empresa;
— não ultrapassar 30% (trinta pontos percentuais) do investimento fixo financiável.

Investimento fixo financiável

Destinação	Porte de empresa	Região	Prazos Máximos		% MF*	Spread (% a.a.)	
			Total	Carência		BNDES	del credere
Implantação, expansão, relocalização e modernização	Pequena	I	60	24	75	I	2,5
		II	60	24	65	I	2,5
	Média e Grande	I	60	24	75	I	2,5
		II	60	24	65	I	2,5
Capacitação Tecnológica	Pequena	I	60	24	75	I	2,5
		II	60	24	65	I	2,5
	Média e Grande	I	60	24	75	2	2,5
		II	60	24	65	2	2,5
Qualidade e Produtividade	Pequena	I	60	24	75	1	2,5
		II	60	24	65	1	2,5
	Média e Grande	I	60	24	75	3,5	2,5
		II	60	24	65	3,5	2,5
Conservação do meio ambiente	Pequena	I	60	24	85	1	2,5
		II	60	24	75	1	2,5
	Média e Grande	I	60	24	85	2	2,5
		II	60	24	75	2	2,5

* %MF = participação máxima de financiamento.

O custo básico do financiamento é dado pela variação da TJLP - taxa de juros de longo prazo, mais o spread (representado na forma de percentual ao ano), composto de:
— encargos do BNDES: remuneração do BNDES;

---

[18] Não se enquadram as renegociações de dívidas vencidas ou a vencer, decorrentes de empréstimos bancários ou emissão de títulos para esse fim.

– del credere: remuneração dos agentes financeiros nas operações indiretas e mistas em função dos serviços prestados e do risco comercial assumido;

– taxa de risco: remuneração do BNDES nas operações diretas e mistas em função dos serviços prestados e do risco comercial assumido.

Em situações específicas visando a incentivar ou propiciar maior desenvolvimento a determinadas regiões geográficas e segmentos de atividade econômica, o BNDES ampliou o apoio ao setor coureiro-calçadista com as seguintes características:

– **objetivo**: financiar investimentos destinados à melhoria de qualidade e produtividade e à modernização do setor;

– **segmento beneficiário**: beneficiamento de couro, fabricação de calçados de qualquer material, inclusive componentes (solados, viras, cabedais etc.) e produção de insumos (resinas, derivados químicos etc.);

– **condições operacionais**: independente do porte da empresa e da localização geográfica;

– **prazo total máximo**: 96 meses, com 24 de carência;

– **%MF**: 80%

– **spread no investimento fixo**: 2% a.a. de encargos do BNDES e 2,5% a.a. de del credere máximo;

– **spread no capital de giro associado**: 4% a.a. de encargos do BNDES e 2,5% a.a. de del credere máximo.

9.2 FACTORING

9.2.1 Conceito e características

Factoring significa fomento comercial ou mercantil que segundo a circular nº 1.359 de 30-09-1.988 do Banco Central do Brasil, não é uma atividade financeira.

Segundo a Unitroit – International Institute for the Unification of Privat Law (Roma), a convenção diplomática realizada em Ottawa (Canadá), entre os dias 19 e 28 de maio de 1.988, concluiu que só se caracteriza o factoring se ocorrer a combinação de pelo menos dois dos seguintes serviços:

- gestão de crédito;
- administração de contas a receber;
- cobrança;
- proteção contra risco de crédito;
- fornecimento de recursos.

Observamos no Brasil que a atividade de factoring é bastante confusa. Compete diretamente com o desconto de duplicatas e, na maioria dos casos, não presta os serviços elencados pela Unitroit.

Muitas pseudofactorings operam com pequenas e médias empresas, financiando capital de giro mediante o desconto de cheques e duplicatas. Por não ser caracterizada como operação financeira, não está sujeita à incidência de IOF - Imposto sobre operações financeiras e demais encargos das operações bancárias de empréstimo, em contrapartida, é tributada pelo ISS sobre os serviços prestados.

Potencialmente, pode ser feito factoring dos seguintes títulos de crédito:
- letra de câmbio;
- duplicata;
- conhecimento de transporte;
- conhecimento de depósito;
- warrant;
- nota promissória;
- nota promissória rural;
- cheque.

Em fidelidade à sua origem e evolução, o factoring no Brasil deveria ser um importante instrumento de terceirização das atividades de crédito e cobrança das empresas, proporcionando diminuição sensível de investimentos (fixos e variáveis) envolvidos nas vendas a prazo, permitindo, assim, que elas concentrassem seus esforços gerenciais em sua atividade operacional.

9.3 CEF-GIRO – CAIXA ECONÔMICA FEDERAL

Linha de crédito operacionalizada pela Caixa Econômica destinada a financiar as empresas e apresenta as seguintes características:

– Finalidade: financiamento de capital de giro e ou investimento fixo.

– Limite de financiamento: até R$ 30.000,00 (trinta mil reais).

– Prazo: mínimo de 3 meses e máximo de 10 meses.

– Encargos: custo básico = TR e juros de 12% a.a.

– Garantia: a critério da Caixa Econômica.

9.4 MICRO/GIRO - CAIXA ECONÔMICA / SEBRAE

Financiamento para micro e pequenas empresas e apresenta as seguintes características:

– beneficiários: pessoa jurídica, somente microempresas comerciais, industriais ou prestadoras de serviços;

– pré-requisito básico: e empresa deve estar em atividade há pelo menos 3 meses;

– finalidade: financiamento de capital de giro e/ou investimento fixo;

– limite de financiamento: de R$ 800,00 até R$ 5.000,00;

– encargos financeiros: TR + 12% a.a.

– prazo: até 12 meses, sem carência;

– cobrança: débito em conta ou envio de extrato para pagamento em agência da caixa;

– amortização: empréstimo com prestações mensais, calculados pelo sistema francês de amortização – tabela price;

– garantias: aval da empresa, dos sócios e seguro de crédito interno.

9.5. PROGER - BANCO DO BRASIL

O Proger - Programa de Geração de Emprego e Renda é uma iniciativa governamental voltada para quem deseja iniciar ou expandir o seu próprio negócio. O Proger Urbano atende microempresas e empresas de pequeno porte, cooperativas e associações, assim como pessoas físicas que atuem no setor informal da economia.

9.5.1 Condições dos Financiamentos

– **Valor do financiamento**: de R$ 5.000,00 (cinco mil reais) até R$ 50.000,00 (cinqüenta mil reais), e no caso de cooperativas e associações até R$ 400,00 multiplicado pelo número de cooperados ou associados.

– **Percentual máximo** de financiamento do projeto: de acordo com o seguinte: pessoas físicas 100%, microempresas 80%, empresas de pequeno porte 70%, cooperativas e associações 90%.

– **Prazos**: pessoas físicas até 24 meses, microempresas até 36 meses, empresas de pequeno porte até 36 meses e cooperativas e associações até 60 meses.

– **Períodos de carência**: pessoas físicas até 6 meses, microempresas até 12 meses, empresas de pequeno porte até 12 meses, cooperativas e associações até 12 meses.

– **Encargos financeiros**: pessoas físicas TJLP (taxa de juros de longo prazo), microempresas TJLP mais juros de 5,33% nominais ao ano (exigíveis durante a carência), empresas de pequeno porte TJLP mais juros de 5,33% ao ano (exigíveis durante a carência), cooperativas e associações TJLP mais 4% nominais ao ano (exigíveis durante a carência).

– **Garantias**: em todos os financiamentos exigem-se garantias reais, podendo ser complementadas por aval ou fiança.

9.6 CAPITAL DE GIRO PARCELADO - BANCO SUDAMERIS BRASIL

A linha de crédito de capital de giro parcelado é uma modalidade de operação financeira destinada ao giro das empresas, tendo como agente financeiro o Banco Sudameris Brasil S.A. e apresenta as seguintes características:

– **Público alvo**: pessoas jurídicas de qualquer porte, correntistas do Sudameris.

– **Prazos:** os planos e prazos de pagamento dependem do cadastro da empresa e podem ser de 6 meses, 12 meses, 24 meses etc.

– **Encargos**: taxas de juros prefixadas de acordo com o mercado na data da operação, juros no período calculados exponencialmente, tarifa de contribuição de operação de crédito (TCOC), IOF.

– Formas de pagamento: prestações mensais e consecutivas, abrangendo amortização do principal mais taxas de juros. Tarifa de contratação de operações de crédito - TCOC e IOF cobrado no ato ou financiado.

– Limites operacionais: o limite está vinculado ao cadastro da empresa, sua capacidade de pagamento.

– Garantias: independente de garantias acessórias, as operações devem ser garantidas por Nota Promissória, devidamente avalisada.

– Formalização: contrato de financiamento de capital de giro.

Observação:
O pagamento do principal mais os encargos é feito diretamente através de débito em conta corrente.

9.7. CAPITAL DE GIRO - SUFIXO BANCO SUDAMERIS BRASIL

Empréstimo em conta corrente de valores e prazos fixos, para atendimento no curto e médio prazo, de clientes com necessidade de recursos para capital de giro dos seus negócios, com as seguintes características:

– Público alvo: empresas de qualquer porte, correntista do Sudameris.

– Prazos: mínimo de 30 dias para prefixado e 4 meses para pós-fixado, sendo renovável no vencimento.

– Encargos: taxa de juros prefixadas ou pós-fixadas mais tarifa de contratação de operações de crédito e IOF.

– Forma de pagamento: taxa de juros: antecipado, mensal (bimestral, trimestral etc.) ou final. Principal: final ou com livre amortização, na modalidade de taxas por dias úteis. Tarifa de contratação de operações de crédito mais IOF, cobrados no ato de liberação do crédito.

– Limites operacionais: depende do cadastro do cliente.

– Garantias: nota promissória, duplicatas fiscais ou escriturais, penhor mercantil, alienação fiduciária, hipoteca, caução de cotas de fundos, poupança e CDB escritural.

– Formalização: formulário eletrônico – contrato de empréstimo.

9.8. FUNDOS CONSTITUCIONAIS FNO, FCO

Os fundos constitucionais são programas de apoio ao desenvolvimento regional e seguem basicamente as mesmas normas. O programa tem como finalidade o apoio a investimento fixo + capital de giro associado para implantação, ampliação, modernização ou relocalização de empreendimentos industriais e agroindustriais na região.

O programa F.C.O. apresenta as seguintes características:

– **beneficiários**: empresas dos setores de insumos básicos, agroindústria, bens de consumo, bens de capital e de tecnologia de ponta;

– **itens financiáveis**: financiamento de investimento em obras de construção civil, máquinas e equipamentos novos, veículos de carga novos, móveis e utensílios novos, gestão empresarial, dentre outros direto aos fornecedores, mais capital de giro associado;

– **encargos financeiros**: 6% a.a. de juros mais TJLP;

– **Prazo**: investimentos fixos até 10 (dez) anos, incluído carência de até 3 (três) anos. Capital de giro associado até 3 (três) anos, incluído carência de até 1 (um) ano;

– **Participação**: a) investimento fixo - micro e pequenas empresas, financia até 80% do valor total do investimento fixo. Empresas de médio porte, financia até 70% do valor do investimento fixo. Empresas de grande porte ou pertencentes a grupos econômicos, financia até 60% do valor total do investimento fixo; b) capital de giro associado - para empresas de qualquer porte, financia até 30% do valor financiado para investimento fixo;

– **garantia:** no valor mínimo de até 1,3 do valor financiado, ficando a critério de negociação entre empresa e instituição financeira, podendo complementar com o Fundo de Aval para MPE'S-FAMPE;

– **procedimento**: 1) mediante carta-consulta, modelo do programa, a ser entregue ao agente financeiro (Banco do Brasil, Basa etc.). 2) se aprovada a carta consulta, a empresa tem até 60 dias para apresentação do projeto de viabilidade econômico-financeira e demais documentações exigidas pela instituição financeira.

9.8.1 Carta Consulta

O primeiro procedimento para a empresa participar dos incentivos dos programas constitucionais é a elaboração da carta consulta que deve conter as informações conforme modelo:

CARTA - CONSULTA

FUNDO CONSTITUCIONAL DO CENTRO-OESTE - FCO

Ao
Conselho Deliberativo do F.C.O.
Goiânia - Goiás

Senhor Presidente

Submetemos à apreciação desse Conselho a presente Carta Consulta, a qual contém os elementos básicos do empreendimento industrial que pretendemos implantar na cidade de_____ Estado de _____ para enquadrar no programa F.C.O.

01 - **Caracterização da Empresa**

Razão Social _____
Endereço: _____ Nº_____ Bairro _____
Cidade _____ Estado _____ Fone_____
CGC/MF: _____ Insc.Estadual _____ Data da constituição __ / ___ /1.9____ Reg. Junta Comercial nº ___ Data___/___/_
Objetivo Social:_____
_____
Ramo de Atividade: _____
_____

Principais Produtos: _____

_____

_____

02 - **Composição Social**

Nome dos Sócios	C.I.C	Naturalidade	Participação Em: R$ %
Capital Social - Total.....		-	-

Diretores e/ou Gerentes

Diretores e/ou Gerentes	Formação Profissional	Cargo

03 - **Caracterização do Projeto**

Investimento Total (R$..)	Investimento Fixo (R$..)	Capital de Giro (R$..)

Mão-de-Obra		Faturamento Mensal	
Atual	Futura	Atual (R$)	Futuro (R$)

Obs.: Atual e futura quando trata-se de um projeto de expansão.

– Mercado Consumidor

Estado (%)	Fora do Estado (%)	Exterior (%)

– Origem da matéria-prima e material secundário

Local ou Regional (%)   Fora do Estado (%)

04 - Anexar os Seguintes Documentos:

1. Cópia do ato constitutivo (contrato social).
2. Cópia do último balanço e demonstrativo de resultados em caso de expansão.
3. Certidão negativa de tributos Estaduais (empresa e sócios).
4. Referências bancárias e comerciais (empresa/sócios).

05 - Comentários gerais sobre o projeto:

Cidade, _____/_____/ 1.9___

_____
Assinatura do(s) responsável pela empresa

9.8.2. Projeto de viabilidade econômico/financeira

O segundo procedimento da empresa é a elaboração do projeto de viabilidade econômico/financeira que deve conter as seguintes fases:

1- Proponente: é a empresa que pleiteia o financiamento e no projeto informa-se os dados da empresa, tais como:
- razão social;
- nº do CGC, inscrição estadual, registro na junta comercial do estado;
- capital social e sua composição, bem como a evolução do capital, conforme contrato social ou estatutos;
- diretoria da empresa e organograma administrativo;
- curriculum vitae dos diretores.

2- Caracterização do empreendimento: nesta fase informa-se o seguinte:
- objetivo do projeto;
- justificativas;
- discrição do processo produtivo;
- fluxograma do processo produtivo;
- tecnologia adotada.

3- O mercado: o estudo de mercado visa identificar a viabilidade mercadológica do empreendimento e a análise baseia-se no seguinte:
- posição do setor;
- mercado consumidor;
- mercado fornecedor;
- mercado concorrente.

Observação: o estudo de mercado nós demonstramos no capítulo 6 deste livro.

4- Investimento global: os investimentos da empresa são de duas categorias: (1) investimento fixo; (2) investimento em capital de giro.

4.1 Investimento fixo - após o levantamento e definição dos componentes fixos que serão implantados, se elabora um quadro que informa o seguinte:
- Construção civil: área de construção civil que a empresa pretende executar, bem como a planta de arquitetura juntamente com os orçamentos de custo das obras.

- Instalações: valores que deverão ser aplicados nas instalações de energia elétrica, hidráulica, ar condicionado, telefone acompanhados dos orçamentos das empresas que farão essas instalações;
- Máquinas e equipamentos: relação das máquinas e dos equipamentos que a empresa pretende adquirir e seus orçamentos;
- Móveis e utensílios: da mesma forma que máquinas elabora-se a relação dos móveis e utensílios;
- Veículos: relaciona-se os veículos a serem adquiridos bem como o custo desses veículos;
- Outros: caso a empresa tenha outros investimentos fixos não relacionados acima, deve relacionar com o seu custo.

4.2 Investimento em capital de giro: para saber o montante de investimentos em capital de giro, deve-se calcular as necessidades adicionais de capital de giro, conforme calculamos nos capítulos anteriores (2,3,4,5).

4.3 Cronograma de usos e fontes: no cronogrma de usos e fontes, elabora-se um quadro onde nós enfocamos todos os investimentos (fixos e giro) e as fontes de recursos para esses investimentos.

5.0 Programa de produção: elabora-se um quadro com os principais produtos da empresa a serem industrializados, distribui toda a produção da empresa entre esses mostrando a produção diária, mensal e anual. Na programação de produção define-se também o sistema de trabalho da empresa (turnos diários, horas de duração de cada turno, número de dias de trabalho no mês).

5.1 Receita total anual: com base na programação de produção e os preços de vendas dos produtos, levantados na pesquisa de mercado, elabora-se um quadro da receita total anual para todo o período do projeto.

5.2 Custo total anual: elabora-se uma projeção dos custos totais do período do projeto (fixo e variável) e, posteriormente, elabora-se um quadro resumo de custo e receita.

Observação: nós demonstramos a maneira de se calcular a receita e os custos em capítulos anteriores, para calcular o capital de giro.

6.0 Fluxo de caixa operacional: para se calcular o fluxo de caixa operacional, é preciso antes ter elaborado o seguinte: (1) identificado todos os investimentos; (2) elaborado o quadro de usos e fontes para saber o volume necessário de financiamento pretendido; (3) elaborar o resumo de custo e receita (encontrar o lucro líquido); (4) elaborar a planilha de financiamento para mostrar os encargos financeiros e amortização do financiamento. De posse dos dados citados, elabora-se o fluxo de caixa operacional.

7.0 Análise dos resultados do projeto: na análise dos resultados projetados, calcula-se o retorno do investimento, a capacidade de pagamento da empresa.

8.0 Autoria do trabalho: a equipe responsável pela elaboração do projeto de viabilidade econômico/financeira assina o mesmo, onde o responsável deve ser economista.

9.0 Anexos: nos anexos vão alguns cálculos que facilitam a compreensão do projeto e toda a documentação da empresa (contrato social, documentos da diretoria, documentos dos bens que serão dados como garantias do financiamento do projeto etc.).

9.8.2.1 Modelo de Projeto de viabilidade econômico/financeira

1. PROPONENTE:
1.1 Denominação Social

1.2 Endereço
AV.   Nº   SETOR:
CIDADE: ESTADO

1.3 Inscrições Fiscais
C.G.C./MF
INSC. ESTADUAL
REG.JUNTA COM.EST.Nº   Data_____/_____/1.99__

1.4 Data da Constituição

1.5 Objetivo Social

A sociedade tem como principal objetivo o ramo de indústria e comércio de reciclagem de metais não ferrosos, plástico, vidros e fundição de peças em geral.

1.6 Forma Jurídica
A empresa foi constituída na forma de sociedade por quotas de responsabilidade limitada.

1.7 Prazo de Duração da Sociedade
A sociedade é por tempo indeterminado, conforme contrato social cláusula_____

1.8 Capital Social
O Capita Social é de R$ .... (..........................), divididos em ..... (..............) quotas de R$................... (...........................) cada uma.

1.9 Distribuição do Capital Social

em R$ 1,00

SÓCIOS	QUOTAS	VALOR R$	%
Dr			
Sr.			
Dr.			
Sra.			
TOTAL			

1.10 Responsabilidade dos sócios
Será limitada à importância total do capital social de cada sócio, nos termos do Decreto Nº 3.708, de 10 de janeiro de 1919, conforme cláusula do contrado social.

1.11 Gerência
A gerência da sociedade será exercida por ambos os sócios, que assinarão em conjunto todos e quaisquer atos civis e ou comerciais, em juízo ou fora dele.

1.12 Administração da Empresa
A administração da empresa será exercida pelos quatro sócios, que exercerão os cargos de:
DIRETOR GERAL: Dr. _____
DIRETOR INDUSTRIAL: Dr. _____
DIRETOR ADMINISTR.: Dr _____
DIRETOR TESOUREIRO: Dr _____

1.13 Organograma
A empresa estará organizada conforme o organograma a seguir:

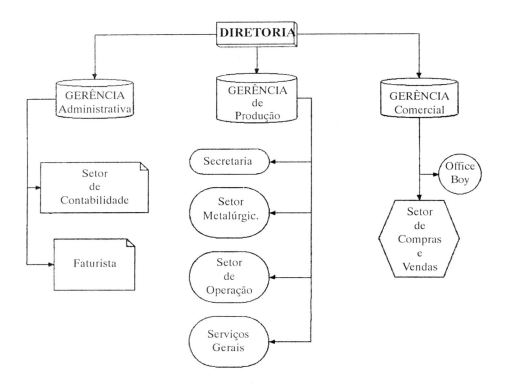

1.14 Curriculum Vitae dos Sócios

2. CARACTERIZAÇÃO DO EMPREENDIMENTO

2.1 OBJETIVO

2.2 JUSTIFICATIVAS
Justificar os motivos da elaboração do projeto.

2.3 Fluxograma do Processo Produtivo
O fluxograma de produção depende da empresa, ou seja, o tipo de produto a ser industrializado, as máquinas da empresa, espaço físico etc.
Para exemplificar colocamos um fluxograma de uma empresa de ligas metálicas.

FLUXOGRAMA DE PRODUÇÃO – LIGAS METÁLICAS

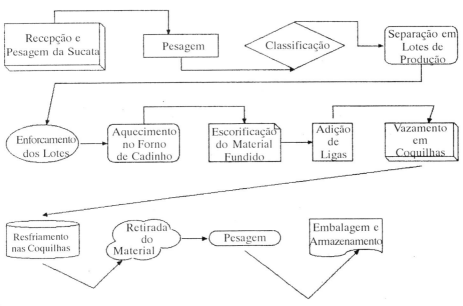

2.4 Localização do Empreendimento
2.4.1 Mapa Locacional
A empresa se localizará no Estado de Goiás, na cidade de Goiânia.

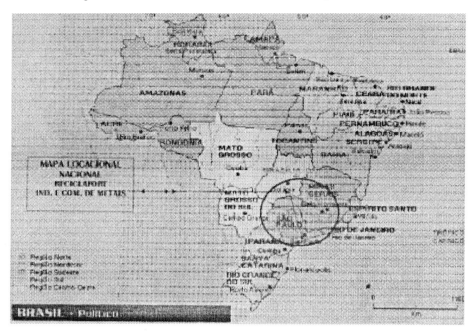

2.5 Mês Base do Projeto
Este projeto foi elaborado no mês de _____ e todos os valores têm como base esse mês.

3. O MERCADO

3.1 Histórico do Setor

3.2 Mercado Fornecedor

3.3 Mercado Consumidor

3.4 Mercado Concorrente

3.5 Conclusão

4. ANÁLISE DO INVESTIMENTO
4.1 Investimento Fixo

4.1.1 QUADRO DE RESUMO DE INVESTIMENTO FIXO

Quant.	Descrição	Total
	MÁQUINAS E EQUIPAMENTOS	
01	Máquina de solda Bambozi – Firma Bambozi S/A. Maq. Hidrel. e Elétricas	
01	Compressor de ar Wayne Wetzel 5,2/130-1HP – Firma Holh Máquinas Agrícolas Ltda.	
01	Torno mecânico Maxi 11-420 Romi Firma Romi	
01	Furadeira de coluna Joinville firma Usina Metalúrgica Joinville-Santa Catarina	
01	Garrafão de oxigênio White Martins 9MT	
01	Motor de indução trifásico 5CV Eberle	
01	Esmeril 0,5CV monofásico Bambozi	
01	Morsa modular nº 34	
01	Bigorna nº 30	
01	Policorte Fankorte Firma Fanper Ind. e Com. Ltda.	
01	Lixadeira nº 00010 Firma Mecânica Aceraí SP	
01	Politris nº 0012 Firma Mecânica Aceraí SP	
01	Máquina de Shell Molde Firma Mecânica Aceraí SP	
01	Forno para Fundição para 200 kg de alumínio c/cadinho corona	
01	Placa de válvula de pé-particular ferramenteiro	
01	Forno rotativo p/fundição de alumínio c/capacidade p/2000kg de alumínio de 1,80m de diâmetro, 2m de comprimento – adquirido em Guarulhos-SP	
01	Forno rotativo p/fundição de alumínio c/capacidade para 1000 kg de alumínio de 1,20 m de diâmetro, 1,5m de comprimento	
02	Ventuinhas c/motor de 5 cv cada marca Eberle	
80	Ligotes c/suporte Firma FTM Fund. Torneadora Machado-Anápolis-GO	
01	Forno giratório p/metal e alumínio c/capacidade: metal=800kg alumínio=300kg	

Quant.	Descrição	Total
	INSTALAÇÕES	
01	Galpão de 33m^2 de comprimento x 12m^2 de largura e 7m^2 de altura c/escritório de 16m^2 de comprimento e 12m^2 de largura	
01	Galpão de 20m de comprimento x 10m de largura x 7m de altura	
TOTAL INSTALAÇÕES		
	CONSTRUÇÃO CIVIL	
01	Terreno de 1000m^2, situado à Av. Anhangüera nº 7.716 setor dos funcionários, Goiânia-GO	
TOTAL CONSTRUÇÃO CIVIL		
	AUTOMÓVEIS	
02	Automóveis Saveiro GL 1.6 básica ano 94 e Uno Mille ELX ano 95	
01	Moto Honda 125 ano 96	
TOTAL AUTOMÓVEIS		
	MÓVEIS E UTENSÍLIOS	
01	Fax Toshiba 5600	
03	Mesas de 1,5 m^2	
02	Aparelhos telefônicos Embratel	
04	Cadeiras fixas	
04	Cadeiras giratórias	
03	Prateleiras de aço	
03	Armários de aço	
01	Computador 486DX4 Itautec	
01	Impressora 65X-190S Cintiten Matricial	
01	Mesa para computador e impressora	
02	No-Break estabilizador de 1kva Marca BST	
01	PABX DHX VS Darumatec	
01	Máquina de escrever elétrica Facit 9401	
TOTAL MÓVEIS E UTENSÍLIOS		
TOTAL INVESTIMENTO FIXO	R$	

4.2 Necessidades de Capital de Giro

Elaborar o quadro das necessidades de capital de giro conforme nós demonstramos nesse trabalho.

4.3 Cronograma de Uso e Fontes

QUADRO DE CRONOGRAMA DE USO E FONTES   R\$ 1,00

DISCRIMINAÇÃO	1° ANO	2° ANO	3° ANO	4° ANO	5° ANO
I) INVESTIMENTO FIXO					
CONST. CIVIL					
INSTALAÇÕES					
MÁQ. E EQUIP.					
VEÍCULOS					
MÓVEIS E UTENS.					
II) CAPITAL DE GIRO					
INVESTIMENTO GLOBAL					
FONTES					
FINANCIAMENTO FCO					
RECURSOS PRÓPRIOS					
PROGRAMA BNDES					
OUTROS RECURSOS					
TOTAL DAS FONTES					

5. ORÇAMENTO DE CUSTOS E RECEITA (PROGRAMA DE PRODUÇÃO)

A empresa _____trabalhará na industrialização de produtos derivados de _____ . Para efeito de cálculo de receita e despesa, consideramos apenas os 05 produtos principais e distribuímos a produção entre esses.

PROGRAMA DE PRODUÇÃO

	PRODUTO	PRODUÇÃO MENSAL (PEÇAS)	PRODUÇÃO ANUAL (PEÇAS)
1º ANO			

	PRODUTO	PRODUÇÃO MENSAL (PEÇAS)	PRODUÇÃO ANUAL (PEÇAS)
2º ANO			

	PRODUTO	PRODUÇÃO MENSAL (PEÇAS)	PRODUÇÃO ANUAL (PEÇAS)
3º ANO			

OBS.: 4° e 5° ANO IDEM AO 3° ANO.

5.1 Receita Total (base anual)

em R$ 1,00

	PRODUTO	PREÇO DE VENDA UNITÁRIO	PRODUÇÃO ANUAL	RECEITA ANUAL
1º ANO				
TOTAL 1º ANO				

em R$ 1,00

	PRODUTO	PREÇO DE VENDA UNITÁRIO	PRODUÇÃO ANUAL (PEÇAS)	RECEITA ANUAL
2º ANO				
TOTAL 2º ANO				

em R$ 1,00

	PRODUTO	PREÇO DE VENDA UNITÁRIO	PRODUÇÃO ANUAL (PEÇAS)	RECEITA ANUAL
3º ANO				
TOTAL 3º ANO				

OBS.: 4° e 5° ANO IDEM AO 3° ANO.

5.2 Custos Fixos

5.2.1 Mão-de-Obra Indireta

QUADRO DE MÃO-DE-OBRA INDIRETA em R$1,00

CARGOS	PESSOAL OCUPADO	SALÁRIO MÉDIO	TOTAL (em R$1,00)
ESCRITÓRIO	1		
CONTADOR	1		
AUX. CONTADOR	1		
TELEFONISTA	2		
SECRETÁRIA	3		
E.DEP.PESSOAL	1		
ENC. COMPRAS	1		
CANTINA	1		
GUARDAS	2		
SERV. GERAIS	3		
TOTAL DE SALÁRIOS (M.O.I.)			

OBS.: Constante p/ todos os anos.

5.2.2 Encargos Sociais s/ MOI

QUADRO DE ENCARGOS SOCIAIS S/ M.O.I.   em R$ 1,00

ANO	SALÁRIOS (MOI)	ALÍQUOTA	ENCARGOS
1º			
2°			
3°			
4°			
5°			
TOTAL ENCARGOS SOCIAIS			

OBS.: Constante p/ todos os anos.

5.2.3 Pró-Labore

em R$ 1,00

NOME	TOTAL
TOTAL RETIRADA DOS DIRETORES	

OBS.: Constante p/ todos os anos.

5.2.4 Encargos Sociais sobre Pró-Labore

QUADRO DE ENCARGOS SOCIAIS S/ PRÓ-LABORE em R$ 1,00

ANO	RETIRADAS	ALÍQUOTA	ENCARGOS
1º			
2º			
3º			
4º			
5º			
TOTAL ENCARGOS SOCIAIS SOBRE PRÓ-LABORE			

OBS.: Constante p/ todos os anos.

5.2.5 Estimativas de custos com telefone, energia elétrica, despesas administrativas, despesas com telefone e viagens.

QUADRO DE ESTIMATIVAS DE CUSTOS em R$ 1,00

DESCRIÇÃO	MENSAL	ANUAL
TELEFONE		
ENERGIA		
ÁGUA		
VIAGENS		
DESP. ADMINISTRATIVAS		
TOTAL DOS CUSTOS ESTIMADOS		

OBS.: Constante p/ todos os anos.

5.2.6 Depreciação

QUADRO DE DEPRECIAÇÃO   em R$ 1,00

DISCRIMINAÇÃO	BASE DE CÁLCULO	ALÍQUOTA	TOTAL
CONSTRUÇÃO CIVIL		4%	
MÁQ. E EQUIP.		10%	
MÓVEIS E UTENS.		10%	
INSTALAÇÕES		10%	
VEÍCULOS		20%	
TOTAL DEPRECIAÇÃO			

OBS.: Constante p/ todos os anos.

5.2.7 Seguros

QUADRO DE SEGUROS   em R$ 1,00

DISCRIMINAÇÃO	BASE DE CÁLCULO	ALÍQUOTA	TOTAL
CONSTRUÇÃO CIVIL		1%	
MÁQ. E EQUIP.		1%	
MÓVEIS E UTENS.		1%	
INSTALAÇÕES		1%	
VEÍCULOS		2%	
TOTAL SEGUROS			

OBS.: Constante p/ todos os anos.

5.2.8 Manutenção e Conservação

Os gastos com manutenção e conservação serão calculados com base de 1% sobre o valor de todos os gastos anteriores.

QUADRO DE CUSTOS DE MANUTENÇÃO E CONSERVAÇÃO
em R$ 1,00

DESCRIÇÃO DOS CUSTOS	BASE DE CÁLCULO	ALÍQUOTA	TOTAL
CONSTRUÇÃO CIVIL		1%	
MÁQ. E EQUIP.		1%	
MÓVEIS E UTENS.		1%	
INSTALAÇÕES		1%	
VEÍCULOS		1%	
TOTAL DOS CUSTOS DE MANUTENÇÃO E CONSERVAÇÃO			

OBS.: Constante p/ todos os anos.

5.2.9 Outros Gastos

QUADRO DE CUSTOS DE OUTROS GASTOS   **em R$ 1,00**

DESCRIÇÃO DOS CUSTOS	BASE DE CÁLCULO	ALÍQUOTA	TOTAL
Mão-de-Obra Indireta		3%	
Encargos. s/ MOI		3%	
Pró-Labore		3%	
Encargos s/ Pró-Labore		3%	
Custos Estimados		3%	
Seguros		3%	
Depreciação		3%	
Manutenção e Conservação		3%	
TOTAL DOS CUSTOS DE OUTROS GASTOS			

OBS.: Constante p/ todos os anos.

5.3 Custos Variáveis

5.3.1 Mão-de-Obra Direta

QUADRO DE MÃO-DE-OBRA DIRETA em R$1,00

CARGOS	PESSOAL OCUPADO	SALÁRIO MÉDIO	TOTAL (em R$1,00)
TOTAL DE SALÁRIOS (M.O.D.)			

OBS.: Constante p/ todos os anos.

5.3.2 Encargos Sociais s/ Mão-de-Obra Direta

QUADRO DE ENCARGOS SOCIAIS S/ M.O.D. em R$ 1,00

ANO	SALÁRIOS (MOD)	ALÍQUOTA	ENCARGOS
1^0			
2°			
3°			
4°			
5°			
TOTAL ENCARGOS SOCIAIS			

OBS.: Constante p/ todos os anos.

5.3.3 Matéria-Prima

A)   R$1,00

	PRODUTO	PRODUÇÃO	QTD. UNIT (kg)	CONSUMO TOTAL (kg)	CUSTO UNIT. R$	CUSTO TOTAL
1º ANO						
TOTAL 1º ANO						
2º ANO						
TOTAL 2º ANO						
3º ANO						
TOTAL 3º ANO						

OBS.: 4° e 5° ANOS IDEM AO 3° ANO.

5.3.4 Embalagens

QUADRO DE EMBALAGENS — emR$ 1,00

DESCRIÇÃO	QUANT.	VLR UNIT.	TOTAL
1º ANO			
TOTAL 1º ANO			
2º ANO			
TOTAL 2º ANO			
3º ANO			
TOTAL 3º ANO			

OBS.: 4° e 5° ANO IDEM AO 3° ANO.

5.3.5 Energia Elétrica

CAPACIDADE INSTALADA

DESCRIÇÃO	QUANT.	POTÊNCIA (HP)	T0TAL POTÊNCIA (HP)
MOTOR EBERLE	02	05	10
MOTOR TORNO I	02	10	20
COMPRESSOR	01	01	01
ESMERIL	01	01	01
POLICORTE FANPER	01	01	01
POLITRIS	01	01	01
TOTAL CAPACIDADE INSTALADA	08		34

CONVERSÃO DE HP P/ KWH;
34HP X 0,75 = 25,50KWH
25,50KWH X 8H no dia X 264(DIAS) = 53.856 KWH
53.856KWH X 80% = TOTAL DE 43.084KWH ANO

QUADRO DE CÁLCULO DE ENERGIA   EM R$ 1,00

ANO	BASE DE CÁLCULO	CAPACIDADE DE PRODUÇÃO	TOTAL KWH ANO	TOTAL ENERGIA (R$)
1° ANO	43.084	%		
2° ANO	43.084	%		
3° ANO	43.084	%		

OBS.: 4° e 5° ANO IDEM AO 3° ANO

5.3.6 I.C.M.S

As vendas da empresa serão distribuídas da seguinte forma:

QUADRO DE DÉBITO ICMS   em R$ 1,00

	DISCRIMINAÇÃO	BASE DE CÁLCULO	ALÍQUOTA	DÉBITO ICMS
1º ANO	ESTADO		17%	
	OUTROS ESTADOS		12%	
	TOTAL DÉBITO ICMS 1° ANO			
2º ANO	ESTADO		17%	
	OUTROS ESTADOS		12%	
	TOTAL DÉBITO ICMS 2° ANO			
3º ANO	ESTADO		17%	
	OUTROS ESTADOS		12%	
	TOTAL DÉBITO ICMS 3° ANO			
4º ANO	ESTADO DE		17%	
	OUTROS ESTADOS		12%	
	TOTAL DÉBITO ICMS 4° ANO			
5º ANO	ESTADO		17%	
	OUTROS ESTADOS		12%	
	TOTAL DÉBITO ICMS 5° ANO			

QUADRO DE CRÉDITO ICMS   em R$ 1,00

	DISCRIMINAÇÃO	BASE DE CÁLCULO	ALÍQUOTA	CRÉDITO ICMS
1º ANO	ESTADO		17%	
	OUTROS ESTADOS		12%	
TOTAL CRÉDITO ICMS 1° ANO				
2º ANO	ESTADO		17%	
	OUTROS ESTADOS		12%	
TOTAL CRÉDITO ICMS 2° ANO				
3º ANO	ESTADO		17%	
	OUTROS ESTADOS		12%	
TOTAL CRÉDITO ICMS 3° ANO				
4º ANO	ESTADO		17%	
	OUTROS ESTADOS		12%	
TOTAL CRÉDITO ICMS 4° ANO				
5º ANO	ESTADO		17%	
	OUTROS ESTADOS		12%	
TOTAL CRÉDITO ICMS 5° ANO				

QUADRO DE ICMS A RECOLHER (DÉBITO-CRÉDITO) em R$ 1,00

ANO	DÉBITO	CRÉDITO	ICMS A RECOLHER
1° ANO			
2° ANO			
3° ANO			
4° ANO			
5° ANO			
TOTAL ICMS A RECOLHER			

5.3.7 P.I.S.

O PIS representa 0,65% da Receita Total.

QUADRO DE PIS   em R$ 1,00

ANO	RECEITA	ALÍQUOTA	P.I.S.
1° ANO		0,65%	
2° ANO		0,65%	
3° ANO		0,65%	
4° ANO		0,65%	
5° ANO		0,65%	
TOTAL PIS A RECOLHER			

OBS.: Constante p/ todos os anos.

5.3.8 COFINS

O COFINS representa 2% da Receita Total.

QUADRO DE COFINS   **em R$ 1,00**

ANO	RECEITA	ALÍQUOTA	CONFINS
1° ANO		2%	
2° ANO		2%	
3° ANO		2%	
4° ANO		2%	
5° ANO		2%	
TOTAL CONFINS A RECOLHER			

OBS.: Constante p/ todos os anos, a alíquota.

5.3.9 Comissões s/ Vendas.

As Comissões s/ Vendas representam % da Receita Total.

QUADRO DE COMISSÕES S/ VENDAS   **em R$ 1,00**

ANO	RECEITA	ALÍQUOTA	COMISSÕES
1° ANO		%	
2° ANO		%	
3° ANO		%	
4° ANO		%	
5° ANO		%	
TOTAL COMISSÕES			

OBS.: Constante p/ todos os anos, a alíquota.

5.3.10 Publicidade e Propaganda

A Publicidade e Propaganda representam % da Receita Total.

QUADRO DE PUBLICIDADE E PROPAGANDA   em R$ 1,00

ANO	RECEITA	ALÍQUOTA	PUBLIC. E PROP.
1° ANO		%	
2° ANO		%	
3° ANO		%	
4° ANO		%	
5° ANO		%	
TOTAL PUBLICIDADE E PROPAGANDA			

OBS.: Constante p/ todos os anos.

5.3.11 Outros Gastos

Representa 3% s/ os demais Custos Variáveis.

QUADRO DE OUTROS GASTOS VARIÁVEIS 1°ANO em R$ 1,00

DESCRIÇÕES DOS CUSTOS	CUSTOS	ALÍQUOTA	TOTAL GASTOS
Mão-de-Obra Direta		3%	
Encargos S/ M.O.D.		3%	
Matéria-Prima/Mat. Sec.		3%	
Embalagens		3%	
Energia Elétrica		3%	
ICMS		3%	
Pis		3%	
Cofins		3%	
Comissões		3%	
Public. e Propag.		3%	
TOTAL DE OUTROS GASTOS			

QUADRO DE OUTROS GASTOS VARIÁVEIS 2°ANO em R$ 1,00

DESCRIÇÕES DOS CUSTOS	CUSTOS	ALÍQUOTA	TOTAL GASTOS
Mão-de-Obra Direta		3%	
Encargos s/ M.O.D.		3%	
Matéria-Prima/Mat. Sec.		3%	
Embalagens		3%	
Energia Elétrica		3%	
ICMS		3%	
Pis		3%	
Cofins		3%	
Comissões		3%	
Public. e Propag.		3%	
TOTAL DE OUTROS GASTOS			

QUADRO DE OUTROS GASTOS VARIÁVEIS 3°ANO   em R$ 1,00

DESCRIÇÕES DOS CUSTOS	CUSTOS	ALÍQUOTA	TOTAL GASTOS
Mão-de-Obra Direta		3%	
Encargos s/ M.O.D.		3%	
Matéria-Prima/Mat. Sec.		3%	
Embalagens		3%	
Energia Elétrica		3%	
ICMS		3%	
Pis		3%	
Cofins		3%	
Comissões		3%	
Public. e Propag.		3%	
TOTAL DE OUTROS GASTOS			

OBS.: 4° e 5° ANO IDEM AO 3° ANO.

5.4. RESUMO DE CUSTOS E RECEITAS

QUADRO DE RESUMO DE CUSTOS E RECEITAS em R$ 1,00

DISCRIMINAÇÃO	1° ANO	2° ANO	3° ANO
1. RECEITA TOTAL			
2. CUSTO TOTAL			
2.1. CUSTO FIXO			
M.O.I			
ENCARGOS S/ M.O.I.			
PRÓ-LABORE			
ENCARGOS S/ PRÓ-LABORE			
SEGUROS			
CUSTOS ESTIMADOS			
DEPRECIAÇÃO			
MANUT. E CONSERV.			
OUTROS GASTOS			
TOTAL CUSTO FIXO			
2.2. CUSTO VARIÁVEL			
M.O.D.			
ENCARGOS S/ M.O.D.			
MATÉRIA-PRIMA e MAT. SECUNDÁRIO			
EMBALAGENS			
ENERGIA ELÉTRICA			
ICMS			
PIS			
COFINS			
COMISSÕES S/VENDA			
PUBLIC. E PROPAG.			
OUTROS GASTOS			
TOTAL CUSTO VARIÁVEL			
3. LUCRO OPERACIONAL			
4. CONTRIBUIÇÃO SOCIAL			
5. PROV. /P I.R.			
6. LUCRO LÍQUIDO			
7. CAPACIDADE DE PAGT°			
8. MARGEM DE CONTRIBUIÇÃO			
9. PONTO DE EQUILÍBRIO			

OBS.: 4° e 5° ANO IDEM AO 3° ANO.

6.0 FLUXO DE CAIXA OPERACIONAL

QUADRO DE FLUXO DE CAIXA OPERACIONAL em R$ 1,00

DISCRIMINAÇÃO	1°	2°	3°	4°	5°
1 - FUNDOS					
1.1 CAPACIDADE DE PAGT°					
1.2 PROGRAMA FOMENT.					
1.3 PROGRAMA FCO					
1.4 RECURSOS PRÓPRIOS					
TOTAL DOS FUNDOS					
2 - DESEMBOLSOS					
2.1 INVESTIMENTO					
2.2 CAPITAL DE GIRO					
2.3 AMORTIZAÇÃO FCO					
2.4 JUROS FCO					
2.5 CDB FOMENT					
TOTAL DESEMBOLSOS					
DISPONIBILIDADES LÍQ.					
DISPONIBILIDADES ACUM.					

6.1 Amortização FCO

Financiamento FCO   em R$ 1,00

- R$ ......
- Prazo de 5 anos
          2 anos de Carência
          3 anos de amortização
- Taxa de Juros de   % ao ano

QUADRO DE AMORTIZAÇÃO FCO

ANO	SEMESTRE	SALDO DEVEDOR	AMORTIZAÇÃO	JUROS	TOTAL PAGT°
1°	*1°* *2°*				
TOTAL					
2°	*1°* *2°*				
TOTAL					
3°	*1°* *2°*				
TOTAL					
4°	*1°* *2°*				
TOTAL					
5°	*1°* *2°*				
TOTAL					

6.2 Retorno

6.2.1 Retorno do Investimento Econômico

QUADRO DE RETORNO DO INVESTIMENTO ECONÔMICO em R$ 1,00

ANO	INVESTIMENTO	LUCRO LÍQUIDO	FATOR	%
1°				
2°				
3°				

CÁLCULO RETORNO ESTIMADO EM ANOS:

6.2.1 Retorno do Investimento pelo Ângulo Contábil

6.2.1.1 RIT - Rentabilidade do Investimento

ANO	LUCRO LÍQUIDO	ATIVO TOTAL	RIT
1°			
2°			
3°			
4°			
5°			

MEMÓRIA DE CÁLCULO
RIT = LUCRO LÍQUIDO ÷ ATIVO TOTAL
ATIVO TOTAL = INVESTIMENTO FIXO + CAPITAL DE GIRO

6.2.1.2 RCP - Rentabilidade do Capital Próprio

ANO	LUCRO LÍQUIDO	PATRIMÔNIO LÍQUIDO	RCP
1°			
2°			
3°			
4°			
5°			

MEMÓRIA DE CÁLCULO
RIT = LUCRO LÍQUIDO ÷ PATRIMÔNIO LÍQUIDO
PATRIMÔNIO LÍQUIDO = RECURSOS PRÓPRIOS

6.2.1.3 ICP - Grau de Imobilização de Capital Próprio

ANO	ATIVO PERMANENTE	PATRIMÔNIO LÍQUIDO	ICP
1°			
2°			
3°			
4°			
5°			

MEMÓRIA DE CÁLCULO
RIT = ATIVO PERMANENTE ÷ PATRIMÔNIO LÍQUIDO
PATRIMÔNIO LÍQUIDO = RECURSOS PRÓPRIOS
ATIVO PERMANENTE = INVESTIMENTO FIXO

7.0 OPERAÇÃO PROPOSTA

7.1 Agente Financeiro
Banco:
Programa

7.2 Investimento Total
Investimento Fixo   R$
Capital de Giro   R$
Financiamento   R$
Recursos Próprios   R$

7.3 Prazo
Carência   anos
Amortização   anos
Total   anos

7.4 Garantias
O próprio investimento fixo

8.0 AUTORIA DO TRABALHO

Este projeto foi elaborado pela equipe técnica:
1-
2-
3-

9.0 ANEXOS

10. Uma Visão Global

Em todo este livro enfatizamos o capital de giro como um elemento essencial ao processo administrativo mais amplo. Destacamos as suas aplicações teóricas na tomada de decisão, principalmente em se tratando de planejamento. Insistimos particularmente: (1) na idéia de que as necessidades de capital de giro devem ser levantadas a priori; (2) na aplicação do sistema de custeamento direto; (3) no estudo de mercado visando à determinação do possível volume de vendas; (4) na utilização das informações contábeis encontradas nas demonstrações do balanço da empresa; (5) análise vertical e horizontal dos componentes do capital de giro em níveis de atividades diferentes; (6) algumas fontes e mecanismos de financiamento de capital de giro. O objetivo deste capítulo é resumir algumas das implicações principais, relacionadas ao capital de giro.

Incluimos também algumas sugestões para aqueles que necessitam ou estão interessados em levar adiante o estudo deste assunto.

10.1. DIAGNÓSTICO EMPRESARIAL

Um aspecto importante na administração empresarial e que possibilita identificar o andamento da empresa, bem como os resultados decorrentes das atividades desenvolvidas por esta, visando identificar sintomas de problemas, principais causas de problemas para posterior tomada de decisões rumo aos objetivos desejados, é a elaboração de um diagnóstico.

O diagnóstico empresarial possibilita ao administrador verificar e identificar as medidas necessárias para o bom desempenho da empresa.

Em nossa visão, o ponto de partida para corrigir os rumos da empresa para que possa atingir os objetivos desejados, inicia-se com o diagnóstico empresarial.

10.2 IMPLANTAÇÃO DE CUSTOS

Um dos principais problemas da introdução de um programa eficaz de planejamento do capital de giro é a determinação dos custos da empresa, que precisam de um controle eficiente e completo para dar subsídios ao técnico ou equipe responsável pela elaboração do planejamento. Além disso, à medida que a empresa cresce, suas características modificam e o controle dos custos nem sempre acompanha.

No controle dos custos, tanto na contabilidade financeira, como na gerencial, deve haver adaptação à medida que a empresa se desenvolve, buscando o aprimoramento das informações resultantes das atividades da empresa.

O sistema de custeamento que recomendamos, para facilitar e contribuir na implantação e desenvolvimento do planejamento do capital de giro, é o de custeamento direto, pois este resulta em informações que auxiliam a administração.

10.3 IMPLANTAÇÃO DE SISTEMAS DE CONTROLE

Durante a execução de um planejamento empresarial e sendo o capital de giro uma parte importante deste, a dificuldade que normalmente surge é o controle na execução deste planejamento.

O controle na execução do planejamento é importante, pois à medida que se controla, torna possível identificar distorções entre o que foi planejado e o executado, podendo-se tomar decisões para evitá-las. À medida que a equipe de planejamento vai diminuindo as distorções entre o planejado e o executado, através do controle, o risco empresarial diminui.

Um ponto importante na execução do planejamento do capital de giro é que este deve ter flexibilidade; é por essa razão que elaboramos uma análise vertical e horizontal do capital de giro nos diversos níveis de atividade, pois medida que se conhece o comportamento das contas do capital de giro, pode-se tomar medidas com maior flexibilidade.

10.4 ELABORAÇÃO DE UM PLANEJAMENTO GLOBAL

Para que a administração seja eficiente, é necessário que esta tenha um planejamento global, elaborado a priori, com a participação dos principais setores da indústria.

A elaboração de um planejamento participativo, torna possível um maior engajamento em uma conseqüente co-responsabilidade dos diversos setores da empresa na etapa posterior, ou seja, na execução do planejamento.

O planejamento participativo normalmente envolve grande dificuldade, por vários motivos. Em primeiro lugar, existe a tendência natural, por parte de muitas pessoas de resistir a mudanças de qualquer espécie, exigidas pelo planejamento. Em segundo lugar, por causa do lamentável mau uso, a preparação do planejamento adquire conotações negativas para certas pessoas. Alguns supervisores podem inicialmente achar que o planejamento constitui mais um *artifício* pelo qual a administração pretende intensificar uma pressão indesejável. Em terceiro lugar, o uso do planejamento, quando encarado adequadamente, na execução, requer gasto de tempo e esforço por parte dos executivos, supervisores, encarregados etc. Esses motivos fazem com que a introdução de um programa de planejamento seja cuidadosamente considerado e realizado com inteligência, tornando-o imperativo.

Índice Remissivo

A
Alavancagem das necessidades de capital de giro, 139
Alavancagem operacional x alavancagem do capital de giro, 137
Análise da alavancagem operacional, 133
Análise da demanda, 112
Análise da política de estoques, 48
Análise das necessidades de capital de giro, 26
Análise do capital de giro, 134
Análise horizontal, 121
Análise vertical, 121

B
Balanço geral, 86
Balanço patrimonial da empresa xyz, 28
Base de cálculo das necessidades de capital de giro, 77
Base de cálculo do resumo de custo e receita, 71
Bibliografia, 205

C
Cálculo do capital de giro, 28
Capital de giro, 15
Capital de giro e liquidez, 35
Capital de giro e rentabilidade, 122
Capital de giro na empresa comercial, 19
Capital de giro na empresa industrial, 51
Capital de giro na empresa comercial e industrial, 83
Capital de giro na empresa de prestação de serviços, 95
Capital de giro na indústria sob encomendas, 92
Capital de giro próprio, nulo e terceiros, 33
Capital de giro x rentabilidade, 122
Características diversas, 88
Carta consulta - fundo Constitucional, 161
Centro de custos, 61
Classificação dos custos, 54
CEF/Giro - financiamento, 156
Ciclo produtivo, 79
Conceito de capital de giro, 15
Conceito de factoring, 155
Conceito de planejamento, 143
Conclusão de mercado, 115
Condições de financiamento - Poroger, 158
Condições gerais do BNDES, 153
Custeamento baseado em atividades (ABC), 67
Custeamento direto, 64
Custeamento por absorção,
Custeamento por ordem de Produção, 59

Custeamento por processo, 59
Custos, 53

D
Decisões para reduzir as necessidades de capital de giro, 136
Definição e porte das empresas apoiáveis BNDES, 152

E
Elaboração de um planejamento global, 199
Estoques de matéria-prima, material secundário e embalagens, 46
Estoques de produtos acabados, 47
Estudo de um caso típico, 85

F
Factoring, 155
Fontes de capital de giro, 27
Fontes e mecanismos de capital de giro, 149
Fluxo de caixa, 38
Fluxo de caixa operacional, 42
Fundos Constitucionais, 161

G
Giro de valores a receber, 44
Grau de alavancagem do capital de giro, 139
Grau de alavancagem operacional, 138

I
Identificação das atividades relevantes, 67
Introdução, 11

Introdução de mercado, 105
Implantação de custos, 198
Implantação de sistemas de controle, 198
Institucionalização do processo de planejamento, 145

L
Liquidez corrente, 35
Liquidez geral, 36
Liquidez imediata, 35
Liquidez seca, 35
Localização da empresa no capital de giro de serviços, 96

M
Micro/giro - CFC - financiamento, 157
Mercado concorrente, 115
Mercado consumidor, 47, 107
Mercado fornecedor, 113
Mercado na política de estoques,
Modelo de fluxo de caixa, 40

N
Necessidades adicionais de capital de giro, 76
Necessidades de capital de giro, 69

P
Planejamento, 141
Planejamento estratégico, 144
Planejamento operacional, 144
Planejamento tácito, 144
Política de crédito, 43
Política de estoques, 45
Principais transações que afetam o caixa, 39

Proger-Banco do Brasil financiamento, 157

Projeto de viabilidade econômico/financeira, 164

Q

Quadro das necessidades de capital de giro indústria, 77

Quadro das necessidades de capital de giro indústria e comércio, 89

Quadro das necessidades de capital de giro com 100% das atividades, 124

Quadro das necessidades de capital de giro com 90% das atividades, 126

Quadro das necessidades de capital de giro com 80% das atividades, 128

Quadro das necessidades de capital de giro com 70% das atividades, 130

Quadro das necessidades de capital de giro com 60% das atividades, 132

Quadro das necessidades de capital de giro na indústria sob encomendas, 93

Quociente de retorno sobre as necessidades de capital de giro, 135

R

Reclassificação do balanço, 89

Recursos técnicos existentes na prestação de serviços, 97

Resumo de custos e receitas, 70, 87

Resumo do capital de giro nos níveis de atividades, 134

Requisitos para financiamentos de capital de giro BNDES, 154

S

Sistema BNDES, 152

Sistemas de custeamento, 58

T

Tipos de atividades desenvolvidas na prestação de serviços, 143

Tipos de planejamento, 143

Transações que aumentam o caixa, 39

Transações que diminuem o caixa, 39

Transações que não afetam o caixa, 40

U

Uma visão global, 197

V

Valores a receber, 43

Bibliografia

ASSAF, Alexandre Neto & SILVA, César Augusto Tibúrcio. **Administração do Capital de Giro.** 2ª Edição. São Paulo. Ed. Atlas S.A., 1.997.

BRAGA, Roberto. **Fundamentos e Técnicas de Administração Financeira.** São Paulo. Ed. Atlas S.A., 1.989.

COBRA, Marcos. **Administração de Vendas.** 3ª Edição, São Paulo. Editora Atlas S.A., 1.991.

DI AGOSTINI, Carlos Alberto. **Capital de Giro - Análise das Alternativas e Fontes de Financiamento.** São Paulo. Ed. Atlas S.A., 1.996.

FLORENTINO, Américo Matheus. **Custos, Princípios, Cálculo e Contabilização.** 8ª Edição, Editora da FGV, 1.983.

FRANCO, Hilário. **Contabilidade Industrial.** 6ª Edição, Editora EASA, 1.970.

GIL, Antônio Carlos. **Pesquisa em Economia.** 2ª Ed., São Paulo. Editora Atlas S.A, 1.991.

HERMANN JR., Frederico. **Custos Industriais.** 7ª ed., Editora ESA, 1.969 (2 volumes).

HOLANDA, Nilson. **Planejamento e Projetos.** Rio de Janeiro, APEC MEC, 1.975.

IUDÍCIBUS, Sérgio de. **Contabilidade Gerencial.** 4ª Edição, São Paulo. Ed. Atlas S.A., 1.987.

OLIVEIRA, Djalma de Pinho Rebouças de. **Planejamento Estratégico.** 4ª Edição, São Paulo. Editora Atlas S.A., 1.989.

KOLIVER, Olívio. **Apontamentos sobre Contabilidade de Custos.** 2ª Edição, São Paulo. Ed. Atlas S.A., 1.991.

LEONE, George S.G. **Custos, Planejamento, Implantação e Controle.** 2ª Edição, São Paulo. Ed. Atlas S.A., 1.991.

MARION, José Carlos. **Contabilidade Empresarial.** 5ª Edição, São Paulo. Ed. Atlas S.A., 1.993.

MARTINS, Gilberto de Andrade. **Manual para Elaboração de Monografia**. São Paulo. Ed. Atlas S.A., 1.990.

MARTINS, Elizeu. **Contabilidade de Custos**. 4ª Edição, São Paulo. Ed. Atlas S.A., 1.990.

MARTINS, Elizeu. **Contabilidade de Custos**. 8ª Edição, São Paulo. Ed. Atlas S.A., 1.998.

RBC - **Revista Brasileira de Contabilidade**. Nº 64 jan/mar. 1.988, fls. 46, 47.

RBC - **Revista Brasileira de Contabilidade**. Nº 65 abr/jun. 1.988, fls. 10 a 28.

RIBEIRO, Osni Moura. **Contabilidade de Custos Fácil**. 4ª Edição, São Paulo. Ed. Saraiva, 1.996.

ROSSETTI, José Paschoal. **Introdução à Economia**. 17ª Edição, São Paulo. Ed. Atlas S.A., 1.997.

SANDRONI, Paulo. **Dicionário de Economia**. 7ª Edição, São Paulo. Editora Best Seller, 1.989.

SANTI, Armando de Filho, & OLINQUEVITCH, José Leônidas. **Análise de Balanço para Controle Gerencial**. 2ª Edição, São Paulo. Editora Atlas S.A., 1.989.

SANTOS, Joel José dos, **Formação do Preço do Lucro**. 3ª Edição, São Paulo. Editora Atlas S.A., 1.991.

TAVARES, Mauro Calixta, **Planejamento Estratégico**. São Paulo. Editora Harbra Ltda, 1.991.

WELSCH, Glenn A., Tradução. SANVICENTE, Antônio Zaroto. **Orçamento Empresarial**. 4ª Edição, São Paulo. Editora Atlas S.A., 1.990.

WOILER, Sansão & MATHIAS, Washington Franco. **Projetos - Planejamento, Elaboração e Análise.** São Paulo. Editora Atlas S.A., 1.992.

Conheça o que representa o FISCO, para você contribuinte.

A União Federal e seus órgãos, de forma insensível, através de maquinações subalternas, na sua fúria fiscal, conforme iremos nos referir a posteriori, a fim de atingir os seus apetites argentários, chegou ao ponto de apoiar-se em geopolítica do General Golbery do Couto e Silva, mentor da Revolução de março de 1964, que tinha por fulcro fortalecer o Poder Central, Executivo, em detrimento do Legislativo, e, em especial, do Poder Judiciário.

Ora, é bem de ver-se que o Código Tributário Nacional é um Diploma, sem nenhuma característica técnico-jurídica, para exemplificar, além de outros absurdos, foi consignado no mesmo, um "novo" conceito de Compensação, que está encartado no artigo 1.009 do Código Civil. É de notar-se que o Código Civil é de 1 de janeiro de 1916, advém do Direito Natural, consiste em dar a cada um aquilo que é seu, com passagem no Direito Antigo, Direito Romano, Direito Francês e acolhido pelo nosso Diploma Civil.

É de convir-se que o conceito de Compensação, encartado no artigo 170 do Código Tributário Nacional, afronta a sistemática jurídica e consegue superar o absurdo. Com base neste e outras excrescências jurídicas é que os agentes dos órgãos do Estado encontram armas para prejudicar os contribuintes e, em especial, o empresário.

Impressão e Acabamento

Bartira

G r á f i c a
(011) 458-0255